General Introduction on Highway Travel Service

# 公路出行服务概论

组织编写　交通运输部路网监测与应急处置中心
主　　编　李作敏
副主编　　郝　盛　闻　静
　　　　　吕　宁　胡士祥

人民交通出版社股份有限公司
China Communications Press Co.,Ltd.

## 内 容 提 要

本书由交通运输部路网监测与应急处置中心出行服务部门组织编写。全书共分十章，包括公路出行服务内涵、国外公路出行服务概况、公路出行服务体制机制、公路出行服务管理制度与标准规范、公路出行信息服务、传统媒体公路出行信息服务、新媒体公路出行信息服务、公路沿线基础设施出行服务、公路出行服务协调联动建设、公路出行服务目标与展望。

本书是从事公路交通出行服务人员参考用书，也可供广大科研工作者及公路交通研究者学习借鉴。

**图书在版编目(CIP)数据**

公路出行服务概论 / 李作敏主编；交通运输部路网监测与应急处置中心组织编写. — 北京：人民交通出版社股份有限公司，2019.9

ISBN 978-7-114-15813-1

Ⅰ. ①公… Ⅱ. ①李… ②交… Ⅲ. ①公路运输—商业服务—概论 Ⅳ. ①F540.8

中国版本图书馆 CIP 数据核字(2019)第 182183 号

Gonglu Chuxing Fuwu Gailun

| | |
|---|---|
| 书　　名： | 公路出行服务概论 |
| 著 作 者： | 李作敏　郝　盛　闻　静　吕　宁　胡士祥 |
| 责任编辑： | 侯蓓蓓　牛家鸣 |
| 责任校对： | 孙国靖　魏佳宁 |
| 责任印制： | 张　凯 |
| 出版发行： | 人民交通出版社股份有限公司 |
| 地　　址： | (100011)北京市朝阳区安定门外外馆斜街 3 号 |
| 网　　址： | http：//www.ccpress.com.cn |
| 销售电话： | (010)59757973 |
| 总 经 销： | 人民交通出版社股份有限公司发行部 |
| 经　　销： | 各地新华书店 |
| 印　　刷： | 北京市密东印刷有限公司 |
| 开　　本： | 787×1092　1/16 |
| 印　　张： | 8.75 |
| 字　　数： | 240 千 |
| 版　　次： | 2019 年 9 月　第 1 版 |
| 印　　次： | 2019 年 9 月　第 1 次印刷 |
| 书　　号： | ISBN 978-7-114-15813-1 |
| 定　　价： | 40.00 元 |

(有印刷、装订质量问题的图书由本公司负责调换)

# 中国路网丛书编审委员会

主　　任：李作敏　　孙永红

副主任：孔凡国　　王　刚　　张志军　　王松波

委　　员：陈　洁　　郑宗杰　　蔚晓丹　　杨　峰

　　　　　周可夫　　董雷宏　　郝　盛　　闻　静

　　　　　虞丽云　　方　申　　陈智宏　　王　虎

　　　　　江运志　　李　剑　　梅乐翔　　刘　旭

　　　　　胡士祥

# 《公路出行服务概论》编写组

主　　编：李作敏

副 主 编：郝　盛　闻　静　吕　宁　胡士祥

编写人员：车春江　赵　璐　杨鹏程　夏陆然

　　　　　阿塔别克·艾合买提　倪　艳　蒋北松

　　　　　张军仁　薛　文　何沛韬　路　芳

　　　　　张新斌　侯维欣　王光辉　刘小峰

　　　　　范双成　雷茂锦　孙　莹　李志勇

　　　　　杨培红　邢占文　雷　雨　路　红

　　　　　金育蘅　王树兴　谢蒙萌　梁　华

　　　　　孙秀珍　毛　鹏　伍　跃　姚凌云

　　　　　张晓旭

# 总 序

新中国成立70年来,公路交通的发展取得了举世瞩目的成绩,全国公路总里程已达484.65万公里,高速公路突破14万公里,昂居世界第一,为国民经济社会发展、全面建成小康社会提供了基础性、先导性和服务性的重要支撑,为建设交通强国、形成高质量立体互联的综合交通网络化格局奠定了坚实的基础。

进入新时代,交通运输事业仍处于基础设施发展、服务水平提高和转型发展的黄金时期。同时,公路交通的"大路网格局"与"网络化运行"特征越发明显,未来一段时间将是我国公路交通体系重构、标准统一、联网联控、智能智慧的重要发展期、机遇期。随着2019年年底全面取消高速公路省界收费站——这一我国交通发展史乃至世界交通发展史上百年难遇的重大里程碑式工程即将实现,中国公路必将开启"一张网"体系下管理与服务的新时代。

新时代开启新征程,新使命谱写新篇章。作为始终秉承"让路网运行更安全畅通、让公众出行更便捷愉快"宗旨的交通运输部路网监测与应急处置中心(以下简称"中心"),自成立之初就以实现公路网"出行效益最优化、运行效率最大化、不安全因素最小化和服务质量最佳化"作为中国路网事业追求的发展目标,努力践行"融合创新、联网保障、协同高效、开放共享、服务至上"的发展理念,积极打造以精准监测为核心、高效处置为关键、出行服务为龙头的智慧路网体系,不断提升路网管理能力和服务水平,为建设具有中国特色、世界一流的现代化、智能化的路网指挥中心而奋斗。

诚然,作为一项新事业、一个新领域,从概念诞生到懵懂前行再到蓬勃发展,公路网管理与服务经历了从抽象到具体、由理论到实践的逐步发展过程。这段宝贵的经验值得我们去珍惜、去总结、去借鉴。为此,中心倾全员之力、多年之功,编撰了由6本专著组成的"中国路网丛书"。丛书立足于公路"一张网"时代运行特征与现状,着眼于智慧中国路网技术发展最前沿,从公路网运行管理基本概念、基本理论入手,全面深入地介绍了路网监测、应急处置、出行服务、联网收费、造价管理等领域系统性、前瞻性的研究成果,以及以"云网融合"为代表的新一代智慧路网技术新理论、新架构、新体系。

"中国路网丛书"是国内首部综合介绍公路运行管理与服务体系的优秀著作。编撰过程周密严谨、内容完整翔实,注重业务实践及新技术应用,可以有效引领"智慧中国路网"建设健康、可持续发展。希望"中国路网丛书"能够成为从事公路网管理与服务工作行业同仁、专家学者以及广大读者的良师益友和参考工具,促中国路网事业发展蒸蒸日上,为实现交通强国伟大战略作出更大贡献!

"中国路网丛书"编审委员会<br>
2019 年 9 月

# 前言

党的十九大作出建设交通强国的重大决策部署,既体现了我国对交通运输工作的充分肯定,也体现着对交通运输工作的殷切期望。公路出行服务工作是惠及民生的大事,必须长远谋划、主动创新、积极作为。随着我国社会经济的快速发展和人民生活水平的提高,人民群众的出行需求不断增长,公路的通车里程持续增加,公路网基础设施服务日益完善,信息服务渠道不断拓展,新一代信息服务技术广泛应用,公路行业供给侧改革稳步推进,公路出行服务得到了快速的发展。公路出行服务成为保障人民群众安全畅通、便捷愉快出行的重要组成部分。当前,我国的公路出行服务行业仍处于发展阶段,为适应近年来公路出行服务行业的快速发展,急需系统、全面的书籍诠释公路出行服务,以提高公路出行服务从业人员的素质和能力,提升行业出行服务水平。

本书以交通运输部路网监测与应急处置中心及全国各省份服务公路交通行业的单位近年来在公路出行服务方面的研究成果和实践经验为基础,从行业概况、行业现状、现存问题、相关建议等方面,结合全国部、省两级多年来的出行服务情况及应用实例,对公路出行服务体制机制、制度规范、协调联动、目标展望等方面进行了详尽的介绍。此外,本书针对基于信息服务、设施服务下的公路出行服务,进行了深入的剖析和介绍。本书较为系统地展现了公路出行服务的发展现状,为从事公路服务人员提供了直接的技术指导,同时也为广大科研工作者及公路交通研究者提供了较为科学、系统的参考和借鉴。

本书共分十章。第一章介绍了公路出行服务的背景、定义、对象、内容分类等内涵概况,并简要介绍了以信息服务、沿线基础设施为依托的公路出行服务的概要内容;第二章剖析了国外公路出行服务体制机制及信息服务应用现状,总结了国外出行服务方面的成功运营经验;第三章、第四章分别从体制机制、管理制度、标准规范等角度分析了公路出行服务的概况、现状和现存问题,并针对性地提出了改进建议;第五~七章系统地介绍了公路出行信息服务的相关情况,并分别从部级、地方两个角度详细地介绍了依托传统媒体、新媒体开展的公路出行信息服务;第八章从公路沿线基础设施出行服务的角度,着重介绍了公路服务区、高速公路电子不停车收费系统车道等出行服务现状,并分别提出了现存问题和相关建议；第九章针对政企及跨部门、跨区域的出行服务协调联动建设列举了主要举措；第十章提出了未来公路出行服务的目标、愿景，阐述了新时代公路出行服务的发展趋势及路径。

本书由交通运输部路网监测与应急处置中心编制，在本书的撰写中，得到了交通运输部政策研究室、公路局、科技司等部内相关司局的指导和交通运输部规划研究院、交通运输部科学研究院、中国交通报社等部署单位的支持，同时还得到了中国科学院自动化研究所、长安大学、中国政法大学、北京交通大学、北京工业大学等相关科研院所、高校的帮助，在此表示感谢。本书在编写过程中，还得到了人民网舆情数据中心、综合交通大数据应用技术国家工程实验室、国道网(北京)交通科技有限公司、北京掌行通信息技术有限公司、广州优路加信息科技有限公司等相关业务合作单位的大力支持和配合，在此表示感谢。

本书研究成果和案例主要由交通运输部路网监测与应急处置中心在公路出行服务领域的研究与应用方面的经验总结而来。目前，编写组仍在开展公路交通出行服务方面的持续研究，尚有更多、更深层次的问题正在探索过程中，且由于编者理论水平与实践经验有限，书中难免存在不足之处，恳请读者批评指正。

本书编写组<br>
2019 年 8 月

# 目 录

**第一章 公路出行服务内涵** ……………………………………………… 001
　一、公路出行服务背景 …………………………………………………… 002
　二、公路出行服务定义 …………………………………………………… 005
　三、公路出行服务对象 …………………………………………………… 005
　四、公路出行服务内容 …………………………………………………… 006

**第二章 国外公路出行服务概况** ………………………………………… 011
　一、国外公路出行服务体制机制 ………………………………………… 012
　二、国外公路出行信息服务应用 ………………………………………… 014

**第三章 公路出行服务体制机制** ………………………………………… 021
　一、公路出行服务体制机制概况 ………………………………………… 022
　二、公路出行服务体制机制现状 ………………………………………… 023
　三、公路出行服务体制机制现存问题 …………………………………… 027
　四、公路出行服务体制机制相关建议 …………………………………… 028

**第四章 公路出行服务管理制度与标准规范** …………………………… 031
　一、公路出行服务管理制度 ……………………………………………… 032
　二、公路出行服务标准规范 ……………………………………………… 036

**第五章 公路出行信息服务** ……………………………………………… 041
　一、公路出行信息服务背景 ……………………………………………… 042
　二、公路出行信息服务总体情况 ………………………………………… 043
　三、节假日公路网运行研判信息服务 …………………………………… 046
　四、公路出行信息服务效果评价探索 …………………………………… 049
　五、公路出行信息服务现存问题 ………………………………………… 055
　六、公路出行信息服务相关建议 ………………………………………… 056

## 第六章　传统媒体公路出行信息服务 ……………………………………………… 059
   一、交通广播公路出行信息服务情况 ………………………………………… 060
   二、电视媒体公路出行信息服务情况 ………………………………………… 063
   三、公路客服/救援电话出行信息服务情况 ………………………………… 066

## 第七章　新媒体公路出行信息服务 …………………………………………………… 069
   一、公路出行信息服务网站服务情况 ………………………………………… 070
   二、公路出行信息服务类"两微一端"服务情况 …………………………… 072

## 第八章　公路沿线基础设施出行服务 ………………………………………………… 079
   一、公路服务区出行服务 ……………………………………………………… 080
   二、高速公路电子不停车收费系统车道出行服务 …………………………… 087

## 第九章　公路出行服务协调联动建设 ………………………………………………… 093
   一、公路出行服务协调联动建设的必要性 …………………………………… 094
   二、政企公路出行服务协调联动建设情况 …………………………………… 094
   三、跨部门公路出行服务协调联动建设情况 ………………………………… 099
   四、跨区域公路出行服务协调联动建设情况 ………………………………… 101
   五、公路出行服务协调联动建设现存问题 …………………………………… 103
   六、公路出行服务协调联动建设相关建议 …………………………………… 104

## 第十章　公路出行服务目标与展望 …………………………………………………… 107
   一、公路出行服务目标 ………………………………………………………… 108
   二、公路出行服务展望 ………………………………………………………… 110

**附录　全国公路出行服务相关管理制度与标准规范一览表**(不完全统计) ……… 117

**参考文献** ………………………………………………………………………………… 122

第一章

# 公路出行服务内涵

# 一、公路出行服务背景

习近平总书记在十九大报告中指出,中国特色社会主义已经进入新时代,并开启了建设交通强国新征程。新时代,新征程,公路出行服务任务更艰巨,使命更光荣,意义更重大。2019年交通运输部发布《2018年交通运输行业发展统计公报》中显示,各级交通运输部门深入学习贯彻习近平新时代中国特色社会主义思想和党的十九大精神,坚持稳中求进工作总基调,坚持新发展理念,坚持推动高质量发展,按照党中央、国务院决策部署,全面推进各项工作,取得明显成效。

2018年末全国公路总里程484.65万公里,比上年增加7.31万公里,公路密度50.48公里/百平方公里,增加0.76公里/百平方公里;机动车年平均日交通量为14179辆,比上年增长3.5%,年平均日行驶量为309939万车公里,增长2.5%,国家高速公路年平均日交通量为26435辆,增长5.4%,年平均日行驶量为138840万车公里,增长6.0%;2018年完成营业性客运量136.72亿人,比上年下降6.2%,旅客周转量9279.68亿人公里,下降5.0%。完成货运量395.69亿吨,增长7.3%,货物周转量71249.21亿吨公里,增长6.7%。

高速公路是长途客运和货运的主要运输通道,不管是高速公路里程建设还是客运量、货运量等都在迅速扩张,高速公路出行服务需求日益增高,建立完善的出行服务体系已成为交通运输管理部门在面对公众出行迫切需求的压力下急需解决的难题。

新时代,公路交通运输管理部门以习近平新时代中国特色社会主义思想为引领,全面树立"以人民为中心"的理念,紧盯人民群众的出行需求,按照建设交通强国的战略要求,加快推进公路服务的数字化、网络化、智能化进程,公路交通出行服务质量得到有效提升。公路交通迅猛发展,全国公路总里程超过480万公里,基本建立了由高速公路、一级公路、二级公路、三级公路、四级公路构成的公路网及公路出行服务体系。"服务"是我们交通运输行业的根本属性,"政府引导、市场主导"下的出行服务能力和水平的不断创新与日臻完善,是"建设人民满意交通"庄重承诺兑现的重要途径,更是新时代、新征程"交通强国"战略实施的关键载体。改革开放四十多年,我国的公路交通事业发生了翻天覆地的变化,特别是党的十八大以来,公路出行服务工作取得了多方面的进展和一系列成绩。

1. 公路网基础设施日益完善

改革开放至今,我国公路基础设施条件和监测服务设备水平发展迅猛。截至2018年底,我国公路通车里程达到484万公里,其中高速公路14.26万公里,高速公路通车里程稳居世界第一。公路养护里程475.78万公里,公路密度达到每百平方公里50.48公里,已覆盖全国97%的20万以上人口城镇以及地级行政中心。国家高速公路年平均日交通量为26435辆,年平均日行驶量为138840万车公里,增长6%。这表明,我国的公路交通已从单一路段、跨区通道的"线状运行"模式逐步发展到"网络化运行"和"在线式服务"的新时代。一张布局合理、层次分明、干支协调、衔接顺畅的公路网基本形成。

在此之上,另一张路网运行状态全方位感知的智慧监测网络也已经初具规模。截至2018

年底,全国公路网共建设收费站9500余座,服务区约9800余处(高速公路服务区3000余对),视频摄像机约21万套(平均覆盖率约为70%),沿线可变情报板3万余块,交通流监测设施2万余套(高速公路交通量调查设备6849套),平均布设密度达10～15公里/套。下一步,交通运输部将按照国家"雪亮工程"的要求,有序推进公路网监测体系和监测管理与服务平台工程建设。各省(区、市)也在同步开展本辖区内的监测体系建设工作,并于2020年基本实现全国联网。随着设施、设备的质量和服务水平不断提升,路网监测平台"可视化"将基本得到解决,为下一步的精确"可测"、关键"可控"、一站式"可服务"打下了稳固基础。

公路交通的全面网络化发展、高速公路通车里程的有序增长、监测与服务设备数量和质量的稳步提高,为支撑国家经济民生创新转型发展、满足人民群众日益增长的美好生活愿望,提供了坚强的支撑条件,为做好人民群众交通、一站式"一张网服务",提供了坚实的基础保障。

2. 公路网出行服务体制机制逐步形成

"欲知平直,则必准绳;欲知方圆,则必规矩"。近十年来,随着公路在重大突发事件应急处置、重要节假日保通保畅,以及重大区域性活动组织保障等工作中发挥越来越多、越来越关键的作用,社会各界对路网管理与服务工作重要性和必要性的认识也不断深入。经过长期的实践与积累,路网管理与服务工作在体制机制建设和制度体系建立等方面成果显著。

2012年,中央编办批准成立了交通运输部路网监测与应急处置中心(简称"路网中心")。与此相适应,各地方也加强了路网监测体系建设。目前,已经有15个省(区、市)独立设置了路网监测机构,其他地区也都把路网监测这项工作作为一项重要的职能列入到了相关部门,比如公路局、高速公路管理局、厅交通信息中心等。

为了保障机构的高效运转,各级交通运输管理部门紧密围绕路网监测、应急处置和出行服务等核心职责,制定出台了一系列标准规范,初步搭建起了一个"以部级《公路突发事件应急预案》《公路网运行信息与阻断事件报送制度》《公路交通出行信息服务工作规定》等重要制度为骨干,以《北京市公路路网运行调度管理办法》《江苏省公路交通调度管理办法》《重庆市交通运行监测与应急调度管理办法》《浙江省高速公路运行管理办法》《京津冀高速公路统一服务规范》等地方性规范文件为重要组成"的制度体系框架。

3. 政府引导公路出行服务项目成绩斐然

2012年,交通运输部路网中心应公路管理体制转型迫切需求组建以来,受交通运输部相关司局委托,组织实施了一批服务经济民生的重点工程、项目,并取得显著成绩。一是实现ETC(Electronic Toll Collection,电子不停车收费系统)全国联网。截至2019年8月初,全国ETC用户累计突破1亿,ETC日均发行已突破58万,29个省份(海南、西藏无收费公路)均已开工建设改造ETC门架系统,2018年年均节约车辆燃油约13.2万吨,能源节约效益达约为11.5亿元,减少污染物排放约4.1万吨,取得较高的社会效益和经济效益,切实促进了物流业降本增效。二是与中央广播电视总台合作建设的"中国交通广播"已全天候覆盖京、津、冀、湘全域高速公路网和主要城市,"湖北频率"于2019年1月落地开播,每时每刻向全国听众发布出行资讯和路况信息。三是公路结构性减税措施——高速公路通行费发票服务平台稳定运行,为广大用户提供高效、便捷的电子发票开具服务。自2018年1月1日发票服务平台上线以来,截至2019年5月底,已累计开出各类电子发票金额1100亿元,注册车辆680万辆,累计实现可抵扣进项税额突破20亿元大关。四是全国公路出行信息服务系统竣工验收,这将形成以国家高速公路、国省干线公路为核心,汇集基础数据,融合行业信息、出行信息的全国路网GIS(Geographic Information System,地理信息系统)地图,为政府决策研判,为行业支撑服务,为公众享受便捷、实时、准确的信息服务提供了有力的技术保障。

4. 市场主导公路出行服务项目百花齐放

公路交通出行服务工作,始终坚持"市场主导",充分发挥市场在资源配置中的决定性作用,强化市场在出行服务中的主体地位。

一是各级交通运输部门和建设运营单位均积极通过各种自建服务手段面向公众提供服务。据统计,截至2018年底,全国31个省(区、市)交通运输主管部门、公路管理机构和高速公路经营单位,均开设24小时客服电话热线,共计开通客服电话号码82个(含ETC服务电话,包括31个12328电话);共计开通具备公路出行服务功能的网站(含专门出行服务网站和具备上述功能的网页、栏目网站,包括ETC服务网站、公路气象服务网站)110个;截至2018年底,共有28个省份开通公路出行信息服务功能的新浪微博71个;31个省份开通公路出行信息服务功能(含ETC业务)的微信134个;26个省份开通公路出行服务移动客户端46个。二是社会化服务提供方为公路出行服务带来更多人性化解决方案,为公众便捷出行提供丰富选择。交通运输部为落实国家大数据发展战略,联合百度搭建的综合交通出行大数据开放云平台,率先在探索政企社会化服务合作方面取得了显著成绩。以"BATJ"(百度、阿里巴巴、腾讯和京东)等互联网公司和移动、电信等电信运营商为代表的企业,充分利用云计算、大数据、物联网、移动互联网等技术,通过每天数亿次日活用户汇聚的大量信息,在数据分析和终端服务方面持续创新,促进出行信息服务水平不断提高。据统计,目前已有20余个省份与支付宝、高德、电信等企业开展近百项增值服务。其中,北京、天津、江苏等10余个省份与高德地图、百度地图、今日头条等深度合作和信息共享。三是交通运输各级管理部门积极创新管理模式、加强建设和引导,以"五大发展理念"为引导,广泛开展合作。"三重"期间,交通运输部路网中心第一时间通过新华网、央视、央广等中央媒体和"中国路网"两微/一网站/一直播的新媒体矩阵,发布路网服务信息。各地路网管理部门也积极与媒体开展合作,主动发布路网信息,以广播、电视、新媒体直播、"两微一端"等老百姓喜闻乐见的形式,提供细致、周到、全面、有效的服务。

在行业的不断努力和社会各界的共同关注与支持下,公路交通出行服务能力、水平、效果和质量都发生了明显变化。

高速公路出行服务的状况反映我国交通服务的水平,也是我国运输行业综合实力的反映,代表我国交通基础建设与出行管理服务的现状。交通运输行业是国民经济的基础性、先导性和服务性行业,具有系统构成要素多、从业人员广、与人民日常生活息息相关等特点。当前,我国社会主要矛盾已经转化为人民日益增长的美好生活需要和不平衡不充分发展之间的矛盾,公路出行也从"服务的了"转入"服务的好"的发展阶段。转变公路出行服务理念,加快推动行业转型升级,努力促进行业协调发展,正是推动公路行业供给侧改革的重要手段,也是实现智慧交通创新发展,做好经济发展先行官的重要途径。

基于以上公路交通出行服务现状,本章深入剖析公路出行服务内涵,解读出行服务定义、服务对象及内容,详细介绍公路交通出行服务相关内容。

## 二、公路出行服务定义

不同概念的公路服务之间的关系以及对"公路交通出行服务"的准确描述目前没有统一的标准,而平常我们所说的公路服务包括路段服务、路网服务、出行信息服务和出行服务4个方面。

路段与路网服务的区别在于范围、规模、内容、用户数、影响力和参与主体等方面的不同。

出行信息服务与出行服务概念的差别在于"线与面"。信息服务是"部分",当下关注度高的"互联网+""两微一端"、移动信令、大数据可视化、新媒体矩阵等都属于这个范畴;出行服务是"整体",除了信息,还包括属性是服务的公路本身,也包括服务区、加油站、收费站等沿线基础设施,以及与其他交通方式的互联互通,未来还会包括物联网(IoT:Internet of Things)和人工智能(AI:Artificial Intelligence)的各种应用。

公路出行信息服务就是依托公路和客运站场的信息资源,通过互联网、呼叫中心、手机、PDA等移动终端,交通广播、路侧广播、图文电视、车载终端、可变情报板、警示标志、车载滚动显示屏、分布在公共场所内的大屏幕和触摸屏等显示装置,为驾车出行者提供路况、突发事件、施工、沿途、气象、环境等信息;为采用公共交通方式的出行者提供票务、营运、站务、转乘、沿途等信息。简而言之就是为出行者提供安全、便捷、可靠的公路出行信息服务,让公众切身感受到交通信息服务的便利。

因此"交通强国"发展战略下的公路交通出行服务就是:依托标准规范高度统一、技术状况动态感知、运行状态时时在线、协调联动高效一致、智慧路网万物互联的庞大公路基础设施网络,由社会各界广泛参与、"政用产学研"协同合作,为政府决策、行业发展和公众出行提供边界清晰、科学有效、及时准确的保障支撑,是公众出行全过程可听、可视、可触、可分享的美好出行体验,是"人民满意综合交通"体系下"满意公路"的具体体现。

本书所讲述的出行服务涵盖了以公路沿线信息发布设施、公路出行服务网站、交通服务热线、广播、电视、车载终端以及移动网络终端等多种手段为终端,以路径规划、实时路况信息、占路施工信息、公路气象信息、事件预报预警信息、交通诱导信息等多种信息为内容的出行信息服务,以及以服务区、加油站、收费站等沿线基础设施为服务依托的各类出行服务,并以出行信息服务为主要内容进行介绍、思考和展望。

## 三、公路出行服务对象

公路出行服务的建设主要体现在服务对象的定位上,确定了为谁服务,才能知道如何服务,需要哪些数据,整合什么资源。

公路出行服务,服务对象的核心是人,体现了服务的本质。通过加强交通管理,强化现代交通意识,树立科技创新的思想,利用信息化的手段来提高我们既有交通基础设施的利用效果,提高交通出行效率,向公众提供更全面、更准确、更及时的出行信息,真正实现"为人民服务"。

在"以人为本"为基础开展公路出行服务的同时,公路出行服务部门与客货运、物流、IT 等企业的联系越来越紧密。"以管理推动服务,以服务促进管理"的理念使企业成为公路出行服务的另一个对象。

在加强交通行业信息化建设的同时,必然会推动相关企业信息基础设施的建设,推动企业生产、管理、营销方式的信息化,促进电子商务的应用。信息服务的开展,有利于客货运、物流等企业降低成本,从管理上求发展,从服务中见效益,建立起先进高效的运营生产模式。从而进一步提高政府的管理水平和服务意识,增强企业的竞争能力,提高企业的经济效益,实现政府与企业的双赢。人通过企业及交通信息资源得到服务,同时将信息反馈回去,为企业的发展指出正确的方向,同时通过数据挖掘等技术,可以发现公众对哪些信息资源感兴趣,使得交通信息资源采集更有针对性;企业通过公路出行服务的平台,一方面发布自身的信息资源,另一方面,也可以通过其他信息资源,调整企业的发展方向,明确企业服务的目标,使之为公众提供更好、更多的服务,不断地壮大自己。信息资源表面上是单纯为人与企业提供服务,但是良好的服务背后,折射出的是政府部门不断提高的管理水平和工作效率。

因此,在公路出行服务中,人、企业和交通信息资源彼此之间形成了互为基础、互为补充、密不可分的三位一体的关系。

## 四、公路出行服务内容

### (一)以信息服务为依托的公路出行服务

公路出行信息服务主要包括面向公众发布对公路出行具有参考作用的路径规划、实时路况信息、占路施工信息、公路气象信息、事件预报预警信息、交通诱导信息等。

1. 以信息服务为依托的公路出行服务特点

以信息服务为依托的公路出行服务,主要利用公路沿线信息发布设施、公路出行服务网站、交通服务热线、广播、电视、车载终端以及移动网络终端等多种手段,开展公路网运行状态与应急处置信息发布工作,信息内容满足社会公众对公路交通"出行前"和"出行中"不同阶段的需求。

2. 以信息服务为依托的公路出行服务内容

出行信息服务主要分为静态信息、动态信息和综合信息三大类。静态信息主要包括公路基础信息、服务设施信息等公路基础信息;动态信息主要包括交通运行状态信息、公路突发事件信息、施工养护信息、公路环境信息等;综合信息主要包括交通政务及辅助信息、出行规划信息和应急救援信息等。

(1) 公路基础信息

发布公路基础信息的目的是方便出行者熟悉出行线路的几何结构和出行环境,保证出行的顺畅和提供便利的公路条件信息。

公路基础信息是向出行者提供公路路段基础属性及特殊构造物信息,包括行政区划代码、公路路线编号、公路路线名称、路线示意图、公路等级、公路里程、路段名称、路段起止点桩号、路段里程、车道数、衔接公路名称以及互通立交位置、互通立交区车辆行驶路线示意图、各级公路上出入口、桥梁、隧道、ETC 服务网点以及公路沿线旅游景点信息等。

(2) 服务设施信息

服务设施信息是向出行者提供的服务设施地址、服务内容、辅助支持等信息。主要包括收费站收费方式、收费标准、车型划分标准、服务区提供的服务、服务区排队长度、到达服务区行驶里程和大致通行时间、停车时间、营业时间和收费情况、加油站、治超站、车辆维修站、餐饮住宿、安全服务设施等服务信息。

(3) 交通运行状态信息

交通运行状态信息是向出行者提供的交通流、交通阻断和拥堵等信息,主要包括交通流数据、行车速度、视频图像、路网交通流量和行程时间的预测信息,以及交通阻断或拥堵的路线名称、具体位置、排队情况等。

(4) 公路突发事件信息

公路突发事件相关信息主要包括影响公路网运行(包括公路主线、立交匝道、收费站等)的事件原因、影响路段、影响程度、公路受损情况、事件类型、处理状态及时间节点、现场路面及车辆情况、涉及人员情况、拥堵情况以及交通管制措施和预计恢复时间等信息。

(5) 施工养护信息

公路施工养护相关信息主要包括近期计划实施施工养护路段的路线编号、路线名称、施工路段起止点、预计工期、实际开始与结束时间、施工类型与内容、施工地点类型与实际位置、现场交通组织措施和安全措施、现场图片或视频,以及因施工养护采取交通管制路段的限行或封闭信息等。

(6) 公路环境信息

公路环境信息是向出行者提供的公路气象及行车环境等信息。主要包括公路沿线及节点当日实时气象信息及未来一段时间的公路气象预报信息,特别是雾、雨、雪等直接关系到公路交通安全的重大气象预警信息、地质灾害预报预警信息等各类环境信息。

(7) 交通政务及辅助信息

交通政务及辅助信息是向出行者提供的公路交通法律法规、公路交通行业政策等信息。

(8) 出行规划信息

出行规划信息是向出行者提供出行方式及出行路径信息,主要包括从出发地到目的地可以采用的出行方式、两点或多点之间的较优路径、备选路径方案信息、重大节会和节假日出行攻略、收费站收费方式、车道运行状态以及交通出行信息获取方式等。

(9) 应急救援信息

应急救援信息主要包括应急救援机构的相关信息,如事故处理、路政管理、拖车服务、车辆救援、医疗急救、消防等机构的联系方式、业务范围、服务方式、具体地点及所在地区、队伍配置、收费标准等信息,以及报警救援渠道、应急自救知识信息等。

### (二)以沿线基础设施为依托的公路出行服务

本书所讲述的以沿线基础设施为依托的公路出行服务,主要指以服务区、加油站、收费站等沿线基础设施为依托的公路出行服务。本章主要以服务区为例进行介绍。

高速公路服务区是指专门为乘客和驾驶员停留休息而提供的场所,应提供停车场、公共厕所、加油站、车辆修理所、餐饮与小卖部等设施,服务区的建设规模要适应未来交通量的增长。

**1. 以沿线基础设施为依托的公路出行服务特点**

以高速公路服务区为例,高速公路服务区具有自己的管理运营模式和规律特点,是高速公路管理环节中的重要一环。管理好服务区既是广大驾乘人员的迫切希望,更是高速公路管理体系的自身需求,它在高速公路的发展和运行中起着不可缺少的重要作用,而且将随着高速公路的不断发展而更加重要。高速公路服务区主要具有以下特点:

(1) 服务对象的流动性和机动性

经过高速公路服务区的车辆驾驶人员和乘客的流动性、机动性很大,一般只是短暂吃饭和休息,较少有一夜的住宿,"回头客""常住客"也不是很多,这和一般的宾馆、饭店具有明显的不同之处。顾客的流动性大,增加了服务的难度、降低了服务的稳定性。

(2) 服务对象的一次性和单一性

高速公路服务区的服务对象通常是高速公路上行驶车辆的驾驶员、旅客以及高速公路执法管理人员,他们通常是做短暂停留和休息。因为国内的高速公路服务区不像国外的服务员区建有大型购物中心及其他娱乐设施,所以纯粹以消费为目的到服务区的顾客非常少,这就决定了服务区的经营管理服务对象的单一性和一次性。

(3) 客流量的不稳定性

高速公路的客流量随节假日和季节性的变化而变化,客流量呈现周期性波动和不稳定发展趋势,而服务区的经济收益主要取决于高速公路的客流量。一般情况下,客流量多则服务区经济效益好,反之,则经济效益差。同时,各个服务区的服务内容,如经营范围、服务质量等存在差别,造成了经营服务效益的不稳定性。

(4) 服务需求的多样性

高速公路上驾乘人员是多种多样的,他们的消费水平和喜好也是多种多样的,因此,根据不同的消费需求层次、旅行时间的松紧程度,服务区需要提供快捷、高效、迅速、优质的多样化和及时性服务,以满足高/中/低档和紧/慢等各类顾客的需求。这在大多数服务区难以实现,因此增加了服务区服务的难度。

(5) 地理位置的特殊性

高速公路服务区是高速公路的重要组成部分和附属设施,在高速公路修建规划的时候就要一并考虑进去。一般情况下,服务区修建在远离市区的地方,从而决定了高速公路服务区地理位置的特殊性。因为高速公路是全封闭性的运营,隔断了高速公路上的驾乘人员与外界的联系;所以高速公路服务区在高速公路出入口以及环境比较有特色的地方修建规划,可以为公路上的驾乘人员提供休息的地方,缓解他们的行车疲劳,保证行年安全。

2. 以沿线基础设施为依托的公路出行服务内容

以服务区为例,进入服务区的服务流分为人流和车流。车流分为不停留仅加油车流和停留车流。人流分为等车、休息、如厕、购物、用餐、住宿、使用电子设备等。因此,服务区要有以下服务内容。

(1)综合服务楼

综合服务楼为驾驶员、旅客提供休息和娱乐的场所,尽量远离公路设置,给长途旅行者提供安静、舒适、幽雅的休息环境。随着我国私家车保有量的增加和旅游业的快速发展,广大旅客势必会对服务区住宿有一定需求。在服务区中应适当考虑住宿,提供钟点房服务,以满足驾乘人员的短时间休息和调整体力的需要。

(2)卫生间

卫生间宜靠近综合服务楼,便于服务设施的集中使用,减少旅客和驾驶员在场中的穿梭,提高安全性。卫生间设计主要考虑厕位数和男女厕位比例,保证两辆大客车同时到达时驾乘人员如厕不必排队等候。

(3)停车场

服务区的停车场是服务区占地面积较大的区域,占整个服务区占地面积的35%~40%。为车辆提供停放服务的停车场,一般采用混凝土地面。停车场的人行道与广场要有良好的隔离,减少因人员行走而造成交通的干扰。

(4)加油站

加油站为车辆提供加油、加水服务。加油站在服务区的位置分为出口型和入口型两种。入口型主要考虑在车辆休息之前加油,其优点是车辆进入服务区很容易看到加油位置,符合一般驾驶员的需求,缺点是当加油车辆增多时,入口车辆排队会妨碍匝道上车辆的行驶。出口型加油站布设在出口处,先停车、后加油,对驾驶员来讲可有较大的自由度,能够有充分的时间选择时机为车辆加油。加油区的行车道布置中,转弯半径应放大,保证超长车、超宽车等特种车辆加油前后的安全行驶。

(5)维修间

维修间可给车辆提供维护行车安全的小修业务。其位置应靠近停车场,以便汽车维修、保养并缩短行驶路径。

(6)污水处理间

服务区的污水主要由两方面构成:一是生活污水,二是地面和车辆冲洗形成的污水。通常服务区单侧设置一个污水处理间,将两侧服务区产生的污水集中之后,通过专门的污水处理设备处理后对外进行排放。

# 第二章
# 国外公路出行服务概况

# 一、国外公路出行服务体制机制

体制与机制是较易混淆的一对词语。"体制"是指国家机关、企事业单位在机制设置、领导隶属关系和管理权限划分等方面的体系、制度、方法、形式等的总称;"机制"原指机器的构造和运作原理,借指事物的内在工作方式,包括有关组成部分的相互关系以及各种变化的相互联系。

## (一)国外公路出行服务体制机制现状

随着公路网规模的逐步增大,英国、日本、荷兰等大多数发达国家以及南非等部分发展中国家都建立了国家级路网管理中心,对公路实行网络化管理并为公众出行提供丰富的信息服务功能。

### 1. 英国

英国运输部于 2006 年 3 月启动建设英国国家路网管理中心,办公地点设在位于英国中西部的伯明翰市 M5 高速公路附近。国家路网管理中心下辖 7 个区域管理中心,并接收 7 个区域管理中心采集的路网信息,以这些路网信息为基础,通过可变情报板、热线电话、互联网和交通广播等媒介向公众发布路况信息。这些路况信息能够减少高速公路和干线道路网附近由交通事故、道路作业和大型活动引起的交通堵塞问题;同时,对跨区域的交通疏导起到统一协调作用。

国家路网管理中心与各地 250 多个单位和组织有密切的合作关系,共同协调管理路网运行,以及提供全国性的交通信息。与气象局合作,根据预测的天气情况,提前向出行者提供出行参考。与 116 个地方公路局签署了详细协议,以确保路网管理中心能及时了解影响到出行的道路施工信息。同时与港口、机场、娱乐场所、足球俱乐部和购物中心合作,以便向出行者提供可能造成延误的重大事件信息。

### 2. 日本

为降低交通事故率同时为公众出行提供交通信息,日本于 1970 年成立了全国道路交通信息中心(Japan Road Traffic Information Center,JARTIC),该中心隶属于日本警察厅、总务省、国土交通省,在全国有 142 个分支机构,与全国所有交通管理机构实现信息在线实时传输。

依托全国范围的实时交通信息,日本警察厅、总务省和国土交通省等部门合作推动开发了全国性的交通资讯系统,即 VICS(Vehicle Information and Communication System,道路交通信息通信系统),实现了实时信息向道路用户的推送和服务(特别是通过 VICS 车载机显示),以提高道路交通的安全性和畅通性。VICS 由 VICS 中心(道路交通信息通信系统中心)负责特许经营。VICS 中心基于全国道路交通信息中心成立,但性质属于财团法人,没有政府的基金支持,而是靠 90 多家车辆、车辆 ITS 电子设备生产商提供支持。

### 3. 荷兰

荷兰的道路交通运行管理采取"1个国家路网管理中心+5个区域路网管理中心"的体制架构。国家路网管理中心隶属于国家公路管理部门,并与警察及应急服务部门保持密切的协作关系,负责制定国家层面的管理政策,以及紧急状态下全路网的协调运行服务保障。

为支撑国家路网管理中心的业务应用,2009年由15个相关部门联合投资成立了荷兰国家交通数据中心,旨在在全国路网上建立可以运行的数据库中心,实现所有道路交通运行数据的收集、处理、存储和发布。从某种意义上讲,国家交通数据中心不仅是一个技术架构,而且是各相关部门完善交通管理的网络化集合体,包括省、市、地区、企业、交通运输部、公共事务部和水资源管理等部门。

### 4. 韩国

韩国交通部、经济财政部及三家银行共同组建了国家高速公路公司,承担全国高速公路维护、管理和服务职责。公司下辖6个区域分部,对辖区内高速公路进行管理。

国家高速公路公司下设国家高速公路管理中心,通过24小时的全天候交通监控为出行者提供更快、更安全、更舒适的道路出行环境。在紧急情况下,中心统一对全路网进行协调控制,对交通流进行有效疏导。

通过整合利用2185公里高速公路光纤通信网络,高速公路管理中心实施建设了国家高速公路管理系统,不仅为管理部门提供了有效的科学管理手段,也通过国家高速公路公司网站、移动电话、PDA等方式为出行者提供实时交通信息。

### 5. 美国

与大多数联邦制国家的管理体制一样,美国运输部没有全国性的路网管理中心,路网管理的职责分散在各州,各州都成立了州级路网管理中心,如亚利桑那州路网管理中心在凤凰城运营着一个交通监控中心。该监控中心融合了最新的智慧交通技术,通过网络连接着各种道路和交通传感器,通过强大的计算机处理能力,对各种信息进行融合处理,生成控制指令和交通信息,对路网拥堵进行疏导,为驾驶员提供出行信息。

此外,为满足人们对跨区域出行的交通信息需求,联邦公路局开发了国家交通和道路阻断信息系统,包括全国出行信息服务系统、全国道路施工信息查询系统、州际公路气象交通预测系统、交通出行优化系统等。这些系统将50个州及华盛顿哥伦比亚特区的交通资源统一编辑后,向出行者提供全国的道路施工区域、节假日道路交通受阻及阻断情况,以及由天气引起的交通阻断和公路封闭信息。使用者可在行驶中拨打511电话询问地区交通情况。

## (二)国外公路出行服务体制机制经验

对国外典型国家公路网管理体制进行梳理对比发现,"统一协调、分级管理、多方协作"的运作模式较为普遍,大部分国家都设有国家级、区域级的路网管理机构,负责路网的运行管理与出行服务。同时,除交通、公路管理部门外,路网管理工作还涉及警察、应急管理、公共事务等部门以及社会企业等多方参与,多方信息的融合共享。此外,对于国家级路网管理机构,为支持履行好全国路网管理职责,一般是下设技术支持中心,如日本的 VICS 中心、荷兰的国家交通数据中心、韩国的国家高速公路管理中心等,承担全国路网信息采集、处理和发布服务的技术支持工作。

# 二、国外公路出行信息服务应用

## (一)国外公路出行信息服务现状

英国、日本、美国等大多数发达国家建立的出行服务系统具有完善的出行信息服务功能,是交通运输信息化服务的典型代表,虽然所开发的出行信息服务系统和服务平台应用的领域为市内道路交通,但对公路实行信息化发展及开发智能信息化系统和服务平台系统提供了启发。

1. 英国的 TIH 系统

TIH(Travel Information Highway)是英国公路局、交通管理局、旅游行业管理、通信行业协会等建立的系统,旨在用智能交通系统为广大旅行者提供交通出行服务。TIH 建立起来的组织管理模式、技术标准、商业运营模式,实现了跨行业、跨部门的动态交通数据的交换,通过参加的 TIH 组织,实现了信息的接受、发布和交换。

TIH 组织的发展是在现阶段高速公路和城市道路拥堵,为了降低旅行时间和改善交通环境的需要而建立的。TIH 组织成员之一的英国的高速公路管理局,自身拥有大量的数据,从高速公路的速度数据、道路占有率数据到高速公路养护计划的各个方面。TIH 自从交通管理控制中心(UTMC)开放后,信息的数量还在急剧增加。同时,TIH 的信息与苏格兰高速公路执行部门(NADICS)和威尔士交通(TrafficWales)以及当地高速公路机构等实现共享。

TIH 通过信息交流平台建设实现交通信息资料的共享,满足各种用户的需求。以平台为媒介,使政府职能部门,科研部门以及相关企业间互相交流,资源共享,互相促进,有效地避免了各自为政、资源浪费的问题,同时达到为公共信息服务的目的。TIH 即不是网站,也不是一个数据库。TIH 是信息发布者和接收者之间一个开放而独立的联系,是各组织间交换出行信息的一个动态的共同体,如图 2-1 所示。

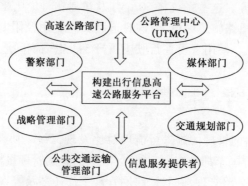

图 2-1 英国出行信息高速公路 TIH 所涉及的部门

(1) TIH 运营的服务目标

TIH 通过制定的规则建立了基于网络的跨平台的信息资源共享,在这个平台上,确保上千个部门和企业参加了信息的交换和共享,使信息的发布者能够为出行人员提供更多实时的交通信息。交通运营部门通过信息提供和交换,为提高企业的效益发挥了作用;同时,交通战略规划部门、交通管理部门也通过大量的交通信息得到了道路安全、拥堵和交通管理和交通组织方面的信息,加强了交通的战略规划以及安全管理。TIH 就是针对政府管理部门、交通相关企业运营部门、为公众信息服务的媒体或组织、一般出行者人员的需求,提供高效而灵活的交通信息服务。TIH 组织为各个需求特点制定的服务目标。

①政府职能部门

政府部门的信息相对资源独立,信息量大,需求也大,但缺乏交换机制,对信息的可用性要求较高,可作为增值服务对象。利用 TIH 规则,政府部门实现了数据的共享,使当地高速公路部门和城市道路部门的线圈和交通信号灯进行有效的控制,实现对道路拥堵的精确实时的测量,而且在不增加成本的前提下,实现了交通管理法案所需求的信息交换。

TIH 组织充分意识到对政府部门来说,交通数据的共享将使得路网的利用更加有效。而且,TIH 组织不只关注道路交通信息,也针对所有模式的交通出行。

②交通运营企业

运营企业拥有一些自有信息,但是对信息的需求量很大,企业自负盈亏,付费有限,一般可采取交换信息优惠政策。公共交通和交通运营公司可以利用 TIH 规则共享它们的数据。从而使不同的调度指挥系统都能应付和处理大范围的信息。而且由于拥有权限去使用精确的公共交通数据和道路信息,也意味着旅行者能更清楚地知道,哪一类型的交通方式或多模式的出行方案是最有效的。

③公众信息服务组织

对外发布的媒体和各种信息提供的部门,自身信息含量小,但是,需要大量的具有针对性和实时性高的信息,信息可付费。对使用 TIH 规则来改善交通流感兴趣的另外一个组织就是交通新闻媒体。像 Traffic link 和 RAC 这样的组织,对这些信息都很有兴趣,因为这个有利于他们描绘出道路和公共交通的实时状态。TIH 方法为了改善服务的精确性和实时性,允许这些媒体机构更加容易地访问这些信息。这些轮流在广播或者网络传递的出行资讯,改善了发布给公众的关于交通问题的信息。

④个体交通出行者

TIH 组织建立的规则是针对交通信息交换的部门、企业和信息提供商,个体用于需要信息量小,信息的交换一般具有很强的针对性。

(2) TIH 运营的规则

TIH 是一个开放的、独立的由信息发布者和接收者共同组成的组织。其成员采用统一的规则来实现信息交换。由于信息发布者数量的增多,在各部门之间建立个人连接变得越来越低效率和高费用。TIH 通过一种通用的规则方法,实现低费用和高效率的 B2B(商业对商业)的出行信息交换。它促进了信息发布者和接收者之间的信息交换,还提高了路网和资源的管理效率,提高了提供给用户的资源的质量。TIH 规则定义信息发布者是提供信息(交通管理部门)的团体,而信息接收者则是消费信息的团体。所有的用于出行信息交换的方法共同构成了 TIH 规则。

在信息交换和共享过程中的 TIH 的原理规则,由于其通用性和普遍性,其操作一般简单易懂。TIH 规则建立的信息交换共享服务,同时也给出了 TIH 规则对建立过程中的关键问题的支持。例如在信息发布服务中,必须使用发布信息的术语和条件。TIH 规则文件提供了信息交换的术语和条件的典型例子。作为一个信息发布者,让接收者了解自己的信息是很重要的。TIH 为每个成员提供服务目录,并通过元数据的标准,向信息发布者提供他所要求的信息、数据样本或其他的全部细节。

2. 日本的 VICS

VICS 是日本于 1998 年左右建成的"交通信息提供系统",也是世界范围体现车辆、道路智能化以及车路协同理念最为成功的案例之一。它通过车辆导航系统向驾驶员提供最近的有用交通信息,协助进行路径选择,分散交通流,以达到交通安全和畅通的目的。该项服务由政府免费提供,市民只需支付导航器的费用,就可享受无偿的信息服务。

(1) VICS 的组成

VICS 按照功能可以分为信息收集、信息处理和信息发布三大部分,如图 2-2 所示。

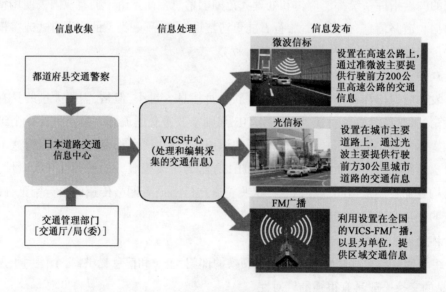

图 2-2　VICS 的组成

① 信息收集

由都道府县的警察机构和道路管理者把交通堵塞、驾驶所需时间、交通事故、道路施工、车速及路线限制,以及停车场空位等有关的道路交通信息传送到道路交通信息中心。

②信息处理

VICS 中心利用 JARTIC 提供的信息,进行及时分析,处理和编辑后,将必要的信息传送给电波信标、光信标、FM(Frequency Modulation,调频)广播等多种媒体发布出去。

③信息发布

VICS 信息发布主要通过以下三种途径:

a. 微波信标:主要设置在高速公路上,利用安装在路边的电波传感器发射准微波进行数据通信,为行驶中的车辆提供前方 200 公里的高速公路的实时交通信息,包括交通拥堵情况、到下一个路口的行程时间、周边路网的交通情况、交通事故、车速限制、车道使用规则、前方服务区停车场的空余停车位等信息。

b. 光信标:主要设置在城市主干路上,通过发射红外线光信号进行数据通信,为行驶中的车辆提供前方 30 公里的城市道路的实时交通信息,包括交通拥堵情况、行程时间、交通事故、占道施工情况、停车位等信息;同时,光信标还能够接收来自具有红外线信号发射功能的车辆的上行信息。

c. FM 广播:利用全国各地的现有广播媒介,以县为单位,提供区域范围内的实时交通信息,包括交通拥堵情况、行程时间、交通事故、占道施工、停车场位置及空余停车位数量等信息。

(2)信息服务形式和内容

主要包括文字、简图和地图三种展示形式。

①文字形式

采用文字的形式为行驶中的车辆提供当前车辆的位置和行驶前方的实时交通情况。

②简图形式

采用简单示意图的形式显示周边道路的实时路况信息,包括拥堵路段的位置和行程时间。

③地图形式

采用电子地图的形式显示车辆位置和周边道路的实时路况信息,包括道路的拥堵状况、施工信息、交通事故、是否有故障车、停车场信息等。

3. 美国 511 系统

(1)系统概况

为方便人们出行,缓解交通拥堵,减少交通事故,1999 年 3 月,美国联邦交通运输部向美国联邦通信委员会申报三位数的电话,用以作为全美通用的交通信息服务电话,2000 年 7 月 21 日该申请获得正式批准,即 511。初建阶段,用户只能通过拨打电话的方式获取交通出行信息;后来,建设了 511 网站平台(www.511.org),服务方式拓展到互联网访问并增加了可视化的展示界面;近年来随着移动互联网技术的发展,511 系统又增加了手机 app 应用程序服务,用户可以通过手机获取需要的交通信息,完成信息查询、应用。目前,511 系统服务范围已覆盖全美 90% 的人口,能够提供实时的道路交通引导和实用性的交通信息服务(具体服务信息内容见表 2-1),出行者可根据系统发布的交通信息确定最佳的出行方式和行程路线。

511 系统出行信息服务内容列表　　　　　表 2-1

| 序号 | 信息类别 | 信息内容 |
|---|---|---|
| 1 | 交通出行信息 | 车辆行程时间预测、速度、实时拥堵程度、交通事件(施工、交通事故及大型活动等)、实时交通状态监控、交通收费、拖车服务等(涵盖道路包括州公路、州际公路、联邦公路、高速公路,未来会覆盖城市干道) |
| 2 | 公共交通信息 | 公共交通线路及时刻表(公交出行方式推荐、公交车辆到达时间预测等),公共交通运营商信息及联系方式、票价、服务通告、残疾人服务信息 |
| 3 | 合乘和共乘<br>(通勤服务)信息 | 通勤路径规划、P&R 地点寻找、合乘及共乘人员匹配、合乘或共乘的优惠奖励等 |
| 4 | 自行车出行信息 | 自行车专用道开放时间、自行车专用道网地图、自行车停车设施情况、自行车安全提示、自行车换乘信息以及自行车志愿者联盟等 |
| 5 | 停车信息 | 停车场位置、实时停车泊位信息、停车换乘信息、停车费信息、停车诱导、停车安全提示等 |
| 6 | 其他交通信息 | 出行天气预报信息、预警信息、旅游交通信息以及铁路、航空与道路交通衔接的交通信息等 |

(2) 系统运营模式

美国联邦通信委员会批准和授权联邦运输部为全国提供统一的交通运输信息服务。为推进 511 系统建设,联邦运输部支持州公路和运输工作者协会、公共运输协会和智能运输协会共同成立了 511 推广联盟。推广联盟在管理层面设立了政策委员会和工作小组,负责制定联盟发展目标,编制 511 系统实施指南和报告,协助各州和各加盟机构开展 511 系统建设。系统运行成本主要包括人工、设备及数据更新费用、通信费用、市场营销费用等,但因该系统为非联邦政府资助系统,联邦运输部只资助各州运输部门进行系统规划,各州需自行确定合理的商业模式独立建设。在保障信息服务质量的前提下,鼓励私人机构提供相关服务,并可接受广告和赞助。511 系统还为第三方开发者提供开放数据的应用接口,以供开发相关的应用程序和服务。511 系统的运营模式能够为我国政企合作的出行信息服务系统建设提供借鉴,其中 511 系统的运营结构示意图如图 2-3 所示。

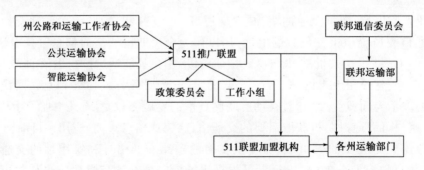

图 2-3　511 系统的运营结构示意图

## (二)国外公路出行信息服务运营经验

国外应用效果较好的出行信息服务系统有以下两个经验值得借鉴:一是出行信息服务处于信息应用的最顶端,其服务信息来源于路网监测等具体业务,需要以业务数据为依托,同时融合并应用气象、路况等多种信息。二是出行信息的汇聚与发布一般需要有全国统一的信息服务平台来执行,保证信息服务的便捷性、连续性和一致性。信息发布主体可能多样,可以是国家级、市州级路网管理部门或者社会组织,但系统建设标准、规范需先行统一。

第三章

公路出行服务体制机制

# 一、公路出行服务体制机制概况

在我国,有一半以上的省份设立了专门的省级路网运行管理与出行服务机构,并且具有以下发展特点。

## (一)高速公路联网监控机构发展成熟

我国高速公路"贷款修路,收费还贷"的建设模式以及网络化发展,使得高速公路联网收费管理业务格外重要,相应的机构设置也起步较早。随着公路网管理和出行服务需求的日益迫切,绝大部分省份都依托高速公路联网结算机构建立了高速公路联网监控管理机构。

对于没有设置省级路网运行管理与出行服务机构的省份,高速公路联网监控机构发挥着路网管理、出行服务的作用。

## (二)省级路网运行管理与出行服务机构发展迅速

随着公路交通基础设施网络加快形成、公路交通流量不断增加,全国各省(区、市)交通运输主管部门对公路网,尤其包括高速公路和国省道的干线公路网的统筹管理日益重视,纷纷建立了省级路网运行管理与出行服务机构履行区域路网统筹管理、出行服务职能。省级路网运行管理与出行服务机构负责统筹全省(区、市)范围高速公路与普通公路运行监测、应急处置与出行服务等工作,在省域及跨省(区、市)范围内的路网管理、协调联动和应急处置、出行服务等方面发挥了重要作用。

## (三)省级路网运行管理机构管辖力度因机构性质有所差异

省级路网运行管理与出行服务机构定位于区域内高速公路与普通国省干线的统筹管理,其建立为公路交通出行信息服务工作的开展打下了体制基础。但在实际运行过程中,由于体制机制原因,主要实现的是对普通国省干线的运行管理,对于高速公路的管理力度,会因联网监控机构的性质而有所差异:联网监控机构为厅管企业以及事业单位的,管理较顺畅;联网监控机构为省级高速公路集团(投资控股)公司管理企业的,管理力度相对较弱。体制机制是影响路网统筹管理、协调联动的重要因素。

# 二、公路出行服务体制机制现状

## (一)部级层面公路出行服务体制机制现状

本书部级层面案例以交通运输部路网监测与应急处置中心为例进行介绍。交通运输部路网监测与应急处置中心是经中编办批准成立的部属正局级事业单位,2012年7月18日正式挂牌运行。根据中央编办批复精神和交通运输部印发的"三定"方案,交通运输部路网中心编制60人,共设机构7个,其中内设机构6个,即综合处、路网运行处(值班室)、路况监测处、预警与应急处、出行服务处、信息与技术保障处;所属机构1个,即收费公路联网结算管理中心。此外,根据部领导要求,经部相关司局批准,部路网中心于2014年成立了直属企业国道网(北京)交通科技有限公司;2015年,国道网(北京)交通科技有限公司和招商局公路网络科技控股股份有限公司、北京中交国通智能交通系统技术有限公司、中国交通报社合资成立国高网路宇信息技术有限公司,同年,国高网路宇信息技术有限公司和央广传媒发展总公司、央广创业投资有限公司合资成立央广交通传媒有限责任公司;2016年,国道网(北京)交通科技有限公司投资成立北京网路智联科技有限公司;2017年,国道网(北京)交通科技有限公司与招商局交通信息技术有限公司合资成立了行云数聚(北京)科技有限公司;2018年,国道网(北京)交通科技有限公司和河北交投智能交通技术有限责任公司、河南省高速公路联网监控收费通信服务有限公司、山东高速信联支付有限公司、塞维安讯信息科技有限公司合资成立北京国道网信息科技有限公司。交通运输部路网监测与应急处置中心机构设置如图3-1所示。

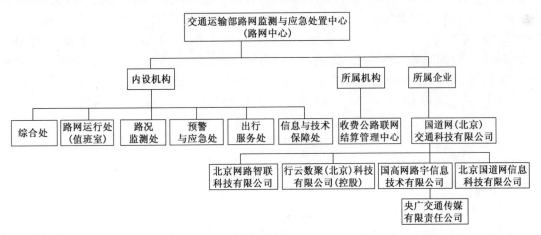

图3-1 交通运输部路网监测与应急处置中心机构设置

让路网运行更安全畅通,让公众出行更便捷愉快。交通运输部路网监测与应急处置中心不辱使命、履职尽责,坚持以出行服务为龙头、以应急处置为关键、以路网监测为核心,服务政府决策、服务行业发展、服务公众出行,对标新时代交通强国战略,积极推进公路交通出行服务转型升级,努力构建人民满意的智慧路网出行服务新生态。

### (二)省级层面公路出行服务体制机制现状

从各省(区、市)出行服务体制机制发展概况来看,很多省份初步建立了公路出行服务体制机制,北京、天津、黑龙江、上海、江苏、广东、陕西、宁夏的出行信息服务工作情况和信息服务体系较为全面也具有区域特色,本书将以上述省份为例进行介绍[因各省(区、市)公路体制机制改革时间节点不同,体制机制现状与国家机构调整有关,随时存在更新的可能,本书仅对截至2018年底的情况进行介绍]。

#### 1. 北京

北京市道路路网管理与应急处置中心为省级路网管理机构,于2010年5月10日成立,是直属于北京市交通委的全额拨款正处级事业单位,下设办公室、公众服务科、路网管理科、信息科、设施管理科、财务科、政工人事科、监察科、宣传科和两个巡查队,人员编制110人。主要职责为:负责北京市公路路网运行状态的动态监测、信息搜集及路网管理平台的运行、维护和管理,并为公众出行提供路网信息服务。北京市道路路网管理与应急处置中心还承担着安全值守、参与突发事件的应急处置,同时负责分管区域内的城市道路及附属设施的日常巡查及对经批准挖掘、占用市管城市道路的行为进行批后监管等工作。

北京市道路路网管理与应急处置中心根据管理及业务工作发展需要,从路网运行监测、路网运行调度、公众服务、应急保障、信息化系统及监测设施建设、行业管理等各方面,不断完善制度体系,推动路网管理水平不断提高。

#### 2. 天津

天津市公路处于2005年成立"天津公路信息管理中心",该中心隶属于天津市公路处,主要负责天津公路行业信息化建设工作的组织实施,包括总体发展规划和年度建设计划的编制、相关规章制度的拟定、资产和信息资源的管理以及网络系统的开发建设、维护管理、信息组织发布和系统安全保障等管理职能。为满足高速公路管理的需要,天津市分别于2011年9月和2014年7月成立了"天津市高速公路路网管理指挥中心"和"天津市高速公路联网收费管理中心"。其中"路网管理指挥中心"于2017年3月正式更名为"天津市高速公路路网信息服务中心",其作为省级高速公路网管理平台,中心下设业务部、服务部、技术部、综合办共计25人,其中,16人为事业编制。主要职责为日常管理、应急指挥、公众服务;天津市高速公路联网收费管理中心下设综合办公室、收费管理部、财务部、稽查部、技术研发部,人员编制为40人;主要职责为发行通行卡,监督稽查,数据采集,通行费核对、清分、结算及资金划拨工作。

#### 3. 黑龙江

黑龙江省以高速公路管理局为代表的公路交通管理部门设立了较为健全的高速公路出行信息服务体制机制。黑龙江省高速公路路网管理体制采用三层架构:一级路网管理与应急管理机构为黑龙江省高速公路管理局,作为黑龙江省高速公路网运行管理和应急处置的综合决策、指挥和协调机构,主要承担监督和监察职能、值守接报职能、指挥职能、信息交换职能和统计职能;二级路网管理与应急管理机构为局直管理处,各管理处主管辖区内高速公路的路网管理与应急处置工作,主要承担监察职能、监测和预警职能、指挥职能、值守接报职能、风险隐患管理职能、应急资源管理职能、信息交换职能和统计职能;三级路网管理与应急管理机构包括收费站、高速公路路政大队、养护工区。

黑龙江省路网运行机制按照"平急结合"的原则,不仅涵盖应急管理的内容,而且注重日常的路网运行管理和协调调度,具体包括三个方面:一是路网运行管理,了解和掌握高速公路路网的运行动态、运行环境状况,了解和掌握干线公路(特别是特大桥梁、长大隧道)的技术状况和安全运行情况。二是日常组织调度,日常路网运行的统筹调度以及跨地区、跨管理机构的路网交通分流、绕行等事宜的具体组织与协调工作。三是重大突发事件的应急处置和组织协调工作。

截止到2018年底,黑龙江省公路总里程为167116公里,国道14749公里,其中:国家高速公路3382公里,普通国道11367公里。路网监控常规观测点53处,观测里程为2361.02公里,常规观测点通过密切观测路网运行状况,全程监控交通拥堵信息,分析整理搜集到的数据,建立各类信息与拥堵的定性或定量关系,为拥堵预警、决策和疏导提供科学依据。2018年路网监测年平均日当量数为7045辆/日,年平均日自然数为4951辆/日,适应交通量50321辆/日,交通拥挤度为0.14,公路网交通运行监测情况良好。2010年11月,开通96369高速公路服务热线,运营至今。7年来,97369累计接听话务量50余万个,日平均话务量230个,接听投诉建议救援电话,个个有记录,件件有落实,服务社会率达到90%以上。

**4. 上海**

近十年来,上海的道路运行监测工作逐步形成了以高速公路、快速路为核心,以省干道为重点的发展格局。在道路运行管理方面,主要由上海市交通委员会交通指挥中心具体负责。上海市交通委员会交通指挥中心于2016年5月组建运行,由原上海市路政局路网监测中心与原交通委员会指挥中心合并组成,主要承担交通运行实时监测、运行数据分析应用、行业值守应急处置、服务热线日常管理等职责。

上海市交通委员会交通指挥中心内设7个科室:办公室、组织人事科、计划财务科、应急指挥室、运行分析科、工程技术科、热线管理科,并内设2个实时运行管理平台:12122呼叫中心、运行监控监测平台,实行7×24小时四班两运转制。

**5. 江苏**

2018年,江苏省交通运输厅承担行政职能事业单位改革全面到位,原省交通运输厅公路局更名为省交通运输厅公路事业发展中心,原省高速公路管理局(省高速公路交通运输执法总队)撤销,对应为新整合组建的省交通运输综合行政执法监督局道路执法监督局。

根据三定方案,改革后涉及路网方面的职责分别为:省公路中心负责全省路网的统一调度、指挥、监督工作;负责高速公路路网运行的监测、预警、信息服务以及技术支持等工作;承担全省长江汽渡路网运行的行业管理工作,中心下设路网管理科。省综合执法局道路局负责全省高速公路路网交通调度、指挥和监督工作,组织实施全省高速公路路网运行状况的预测、预警和路网信息的汇总、对外发布工作。下设安全应急与路网调度科。江苏省高速公路联网营运管理委员会于2004年12月成立,以联席会议制度的形式管理各路公司。管委会下设江苏省高速公路联网营运管理中心,为管委会下设的非营利性日常办事机构。联网中心主要在管委会的领导下负责全省联网高速公路营运的日常管理。

### 6. 广东

广东省交通运输厅全面负责监督指导全省路网运行管理工作。高速公路方面,全省120个路段涉及近100家经营管理单位,管理单位数量多且成分复杂,暂时没有成立省级的路网管理中心。目前,由广东省交通集团管辖全省70%的高速公路,剩余30%的非集团管辖路段,分别由广州交通投资集团有限公司(11个)、深圳高速公路股份有限公司(3个)、东莞市交通投资集团有限公司(4个),及其他22个独立的经营管理单位(通过独资、外资和民资等融资方式组建)管辖;国省道方面,由省公路事务中心负责全省普通公路网运行监测、统筹调度、跨市交通组织和疏导、抢修保通等事项组织与协调,及公共信息收集汇总发布以及社会化服务等相关工作。

广东省交通集团管辖的高速公路路段,由集团内设的集团监控中心具体承担路网运行监测、出行服务监督、应急管理与调度指挥、路网数据分析与管理等职能,依托自行研发的"集团路运一体化综合业务监控平台"的建设,构建了以集团监控中心为指挥中枢的"1+N"路网运行监测调度指挥体系,实现了监控指挥网络间的视频共享、信息互通和运作联动。一是通过规范业务流程,构建二级监控垂直管理体系。目前已在集团内部初步搭建"路运一体化综合业务监控平台",进一步构建了由1个集团监控中心、58个路段分中心组成的二级监控垂直管理体系,为业务部门提供快速、准确的路况事件信息汇集分析管理平台。二是初步打通跨业务板块数据对接,实现集团内跨板块信息共享和交换。中心通过对集团跨业务板块数据进行反复调研,对具体应用数据进行融合。目前通过协调搭建专用链路,已初步实现集团监控中心与粤运拯救、通驿服务区等进行实时数据融合,并将相关数据应用至一体化平台及集团监控中心大屏显示,初步实现板块数据连通应用。三是根据高速公路营运管理需求及节假日保畅通要求,初步打造集团路运一体化综合业务监控平台:建立服务区监管系统和拯救监测管理系统,加强数据挖掘分析和应用,优化报表系统,提升数据报送效率。四是"广东高速通"全新升级,构建出行信息服务生态圈。以路况、无感支付、拯救为核心,初步尝试融合集团服务区等相关资源,构建集团出行信息服务生态圈,为集团公众出行服务树立了优质品牌。

### 7. 陕西

陕西省交通运输厅主管全省公路网运行管理,内设公路管理处具体负责路网运行管理工作。省公路局负责全省干线公路网运行管理,并设保通处,具体负责出行信息收集、报送、发布及路网运行监测工作。高速公路,由省交通运输厅下设的省高速公路收费中心负责高速公路运行、信息统筹服务等工作,具体监测、信息报送和出行服务由各高速公路运营公司承担。普通干线公路,由各市公路管理局设立的路网信息科,具体负责辖区公路出行信息服务和路网运行监测工作。

陕西省高速公路收费中心实现了全面统一的高速公路监控系统的建设和管理、形成功能完善、体系健全、服务全面的运行机制。陕西省高速公路以"全面监视、指挥调度、强化管理、服务社会、资源共用"为目标,综合监控系统按照"统一组织、统一技术标准、统一设计、统一软件"的模式,由收费中心牵头组织,各高速公路管理单位分别负责所辖路段监控路段建设,综合监控视频图像已上传至交通运输部路网中心和厅视频会议室。

### 8. 宁夏

为提升宁夏路网现代化管理水平，充分发挥全区路网整体运行效益，近年来宁夏交通运输厅积极推进高速公路联网收费、监控、通信系统建设，2010年宁夏高速公路管理中心建成投入使用，实现了全区高速公路联网运营管理。2014年7月1日，经自治区编办批复，在厅属宁夏交通信息监控中心（正处级事业单位）增挂"宁夏路网监测与应急处置中心"的牌子，新增设置路网运行科、预警与应急科、路况监测科3个业务科室。承担全区公路网运行监测、重大突发事件预警和应急技术支撑等相关职责。

宁夏回族自治区公路交通管理部门设立了各级联动的路网运行管理体系与出行服务机构。宁夏公路网由高速公路网和普通国道网组成，其中高速公路网由9条国家高速公路和10条省级高速公路组成，普通国道有9条组成，总体布局为"三环八射九联"。为提升宁夏路网现代化管理水平，充分发挥全区路网整体运行效益，2014年7月1日，经自治区编办批复，在厅属宁夏交通信息监控中心（事业单位）增挂"宁夏路网监测与应急处置中心"的牌子，新增路网运行科、预警与应急科、路况监测科3个业务科室，主要工作职能是对全区高速公路网全天候实时监控，为上级领导部门提供应急指挥调度和技术服务保障工作，利用多平台、多手段的方式，向社会公众提供交通出行服务信息。

宁夏公路网运行管理主要由宁夏路网监测与应急处置中心、宁夏公路管理局及各地市交通运输部门负责。其中，宁夏公路管理局5个公路分局内设路网运行管理及应急信息报送部门，并由各分局路政部门人员负责辖区公路网指挥调度、应急事件报送等工作，分局路政、养护、收费等部门负责具体处置工作。宁夏12328交通运输监督服务中心负责交通运输行业咨询、投诉、建议以及各辖区路网部门应急事件信息的报送、转发等工作，其热线电话也是公路交通出行服务咨询的主要渠道

## 三、公路出行服务体制机制现存问题

### （一）公路出行信息服务工作体系有待进一步完善

一些省份受体制和机制的制约，政企合作模式局限、人员编制不足、信息收集和发布渠道不畅、各部门相互独立、信息共享不够、工作方式、组织形式及管理体制信息资源整合力度不强、缺乏统一高效管理等问题一直未得到有效解决。虽然目前部分省份已经通过合署办公解决了一部分问题，但是由于机构职能尚未完全明确，出行信息服务工作还是面临机制不顺等问题，影响了公众出行信息服务工作的主动、创新开展。

### （二）部分省份尚未真正形成省级层面的路网管理与出行信息服务管理部门

部分省份路网管理工作分布零散，高速公路管理部门（高管局）、公路管理部门（公路局）、

省厅信息化部门（信息中心），分别承担省（区、市）内高速公路、普通公路和综合路网的出行信息服务和信息化建设工作，但由于发展基础、发展条件等不同，彼此间水平各异。其主要原因在于体制机制不顺、职责划分不明、资源整合力度不够、工作模式创新不足等，未来的出行信息服务体系建设依然大有可为。相对分散的业务分工容易导致系统建设等资源重复投入、信息资源的一致性和及时性难以保障等问题，以及在应急施救、信息采集、信息发布等方面存在衔接不畅、及时性不足等问题，直接影响路网管理效率和服务水平。建立统一的路网管理与出行信息服务机构，实现信息资源相互共享，是提高出行信息服务水平的重要保障。

### （三）各业务领域的出行信息服务工作综合效益尚未发挥

在公路交通出行服务工作的实际运行中，由于信息更新渠道、力量配备、工作手段等条件差异，各业务领域的出行信息服务工作仍处于单打独斗状态。高速公路出行信息服务及普通公路应急信息服务发展较好，但综合出行信息服务水平相对较低，各领域出行信息的整合和共享水平不高，综合效益尚未发挥。目前部分省份各出行信息服务部门独自拥有信息报送机制，部门之间信息共享不够，从而导致部分信息不完整、不精准，不能够准确地为社会公众提供出行信息。

## 四、公路出行服务体制机制相关建议

### （一）完善"以服务为导向"的发展模式

筑牢以"人民为中心"的发展理念，强化责任担当，切实把思想和行动统一到党中央、国务院决策部署上来。要完善"以服务为导向"的发展模式，以提高公路出行服务质量为目标，积极弘扬公路文化，不断强化公路从业人员服务意识，转变服务观念，强化服务措施，从服务质量、服务手段、服务内容、服务态度、服务环境等方面入手，全面提升优质文明服务水平。要树立"抓服务管理就是抓可持续发展"的思想，通过全面提升公路服务管理水平，创树公路行业新形象，提升公路软实力，彰显公路美丽、安全、畅通、亲民、惠民的亲和力，为公路事业可持续发展添加助力。

### （二）鼓励形成多行业融合发展机制

密切部省（区、市）之间、部门之间、区域之间协调联动关系，摒弃"一亩三分地"观念，按照全国公路一张网的高度加强协同，攥成一个拳头，形成工作合力，做好资源开放共享、信息互联互通，确保目标一致、思路一致、行动一致。要完善公路出行服务工作领导机制，加强与财政、公安、气象、国土、广电、应急等部门的沟通协调，为公路出行服务创造良好条件。要完善应急联合处置机制，以重要通道、重点枢纽信息互联互通为基础，加强突发事件和重大活动保障时期区域联合应急处置能力建设。要完善政府部门和服务企业合作机制,建立"政府引导、市场主导"的合作模式,积极发挥社会化资源特别是民营经济在公路出行服务中的作用,不断提升行业服务能力。

### (三)建立多渠道、全方位出行信息服务平台体系

按照2018年全国交通运输工作会议部署要求,推动互联网、大数据、人工智能同公路出行服务的深度融合,构建以数据为关键要素的数字化、网络化、智能化智慧公路出行服务体系。要进一步提升新时代交通运输信息化水平,创新服务手段、实现智慧出行,促进交通运输服务转型升级和服务水平高质量发展。要强化跨部门、跨行业信息共享,以公路网运行监测管理与服务系统、通行费电子发票开具系统等服务平台为基础,推动构建公路出行服务大数据中心,真正实现出行服务数据的跨平台融合。要充分借助互联网、移动互联等新媒体,构建多渠道、全方位的公路出行信息服务体系,满足公众出行服务多层次、个性化、高品质的新需求。

# 第四章

## 公路出行服务管理制度与标准规范

# 一、公路出行服务管理制度

## (一)公路出行服务管理制度概况

公路出行服务管理制度是指为增强公路出行服务提供方内部组织效率,提升服务水平,对出行信息、公路(含应急救援)、收费站、服务区等服务的组织管理进行规范的制度,常以"制度""规定""规章""条例""守则""通知""办法""方案"等形式出现。例如:《公路交通出行信息服务规定》《公路交通阻断信息报送制度》等。

公路出行服务管理制度多以公路出行信息服务相关的制度为主。由于公路交通出行信息服务工作涉及的部门众多,大量的出行信息采集及具体服务工作需要依靠公路管理机构、收费公路经营单位来完成。为促进各部门的各类服务资源协调联动,部分省份结合出行服务工作实际,探索建立了通报考核机制,并将出行服务工作情况纳入年度工作考核。

## (二)公路出行服务管理制度现状

**1. 部级层面公路出行服务管理制度现状**

2018年是交通运输部路网中心制度建设持续完善的一年。《公路突发事件应急预案》《公路网运行信息与阻断事件报送制度》和《造价管理办法》等制度的先后出台,为部省两级做好路网管理工作提供了有力保障。出行服务工作方面,《公路交通出行信息服务工作规定(试行)》于2006年印发后,加强了公路交通出行信息服务工作,对于行业管理和公众服务起到了重要的作用。但是由于交通政策更新、公路交通行业技术水平发展、管理体制调整等相关因素的变化,这一《规定》已经不适应当前路网出行服务工作的需要。受部公路局委托,部路网中心启动了《公路交通出行信息服务工作规定》的修订工作。修订工作启动后,面向行业管理单位、面向出行服务领域专家及科研单位广泛收集意见建议,经历数次讨论、数易其稿,初步完成了《公路交通出行信息服务工作规定》(修订稿)上报工作。在完成合法性审查后,将于未来颁布实施。

**2. 省级层面公路出行服务管理制度现状**

从各省(区、市)出行服务管理制度概况来看,部分省份建立了公路出行服务管理制度,江苏、重庆、贵州、陕西、宁夏的出行服务管理制度较为全面,建立了较为完善的公路出行信息服务制度,本书将以上述省份为例进行介绍。

自交通运输部路网监测与应急处置中心成立以来,全国各省(区、市)也逐步成立省级路网中心或监控调度中心,并制定了一系列的出行服务相关的管理制度,确保了公路出行服务工作的顺利推动。为了保障机构的高效运转,部、省(区、市)、市、县各级交通管理部门紧密围绕:路网监测、应急处置和出行服务等核心职责,制订出台了一系列制度。初步搭建起了一个

"部级《公路突发事件应急预案》《公路网运行信息与阻断事件报送制度》《公路交通出行信息服务工作规定》等重要制度为骨干,《北京市公路路网运行调度管理办法》《江苏省公路交通调度管理办法》《重庆市交通运行监测与应急调度管理办法》《浙江省高速公路运行管理办法》《京津冀高速公路统一服务规范》等地方性规范文件为重要组成"的制度体系框架。各省份公路出行服务相关管理制度统计情况见附表A(不完全统计)。此外,交通运输部路网中心正在开展行业出行服务制度汇编工作,从统计情况看,2018年,各省(区、市)分别有多项制度规范制修订完成并出台,从种类、范围、程度、安全性和互联互通等方面保证了行业出行服务质量稳步提高。

从各省(区、市)出行服务管理制度概况来看,部分省份建立了公路出行服务管理制度,北京、天津、江苏、重庆、贵州、陕西、宁夏的出行服务管理制度较为全面,建立了较为完善的公路出行信息服务制度,本书将以上述省份为例进行介绍[因各省(区、市)公路出行服务管理制度在持续制订和完善的过程中,随时存在更新的可能,本书仅对截至2018年底的情况进行介绍]。

(1)北京

北京市道路路网管理与应急处置中心制定了《北京市公路网运行监测与服务信息管理办法》《北京市公路路网运行调度管理办法(试行)》《北京市交通委路政局突发事件通信与信息保障应急工作预案》《路政服务热线问题处置办法(试行)》《市交通委路政局公路可变情报板信息发布管理规定(试行)》,修订了《北京市公路阻断信息报送制度》,实现了对全市公路路况信息监测、采集、报送、发布等工作的规范管理,为服务公众安全便捷出行提供了制度保障。

(2)天津

天津市编制完成了《普通公路路网保障与应急管理指导意见》《天津市普通公路通行信息管理办法》《天津市高速公路路况信息采集报送发布管理办法》《天津市高速公路公众服务工作管理办法》《天津市高速公路情报板信息发布管理办法》《天津市高速公路数据资源共享指导意见》《路网中心数据安全管理办法》《路网中心数据分析工作办法》《天津市高速公路视频监控系统管理办法》《天津市高速公路路警联合指挥中心GPS指挥调度系统使用管理办法(试行)》。

(3)江苏

江苏省有关公路交通管理部门建立了较为完善的公路出行信息服务制度。为进一步规范和加强全省公路网出行信息服务工作,提高干线公路路网管理与服务质量。2000年以来,江苏陆续印发《江苏省公路路网交通调度管理试行办法》《江苏省公路路网调度工作考核办法》《江苏省公路网运行信息管理办法》《关于加强全省公路网管理与应急指挥体系建设的意见》《江苏省干线公路网管理与应急处置平台使用管理办法》和《江苏省普通干线公路路网监测工作管理办法》等文件,形成完备的制度体系。机构改革后,为进一步加强路网管理,提升路网运行效率,着手编写《江苏省公路网运行管理办法》,同时为全面指导全省交通量调查站点统一规划、建设和维护工作,开展《江苏省公路交通量调查站点规划及实施方案》研究。2018年年内省公路中心出台《江苏省干线公路路网监测设施验收检测和期间核查操作规程(试行)》,按计划对建成并正常运行的366个交通量调查站点和2016年(含)以前建设的524

个监测点进行第三方期间核查,进一步规范全省路网监测设施核查检测工作,确保原始采集数据精准。

同时,江苏省路网中心每周定期对公路系统各单位的公路出行信息服务工作进行通报,年底进行考核和奖惩。全省各级公路部门也分别制定了本单位在公路出行信息报送和服务方面的工作制度。建立完善的工作制度进一步促进了信息服务的规范化。

(4)重庆

重庆市交通运行监测与应急调度中心编写了重庆交通"一张图"数据,出台了《交通运行监测与应急调度管理办法》,制定了《视频及GPS接入规范标准》和《重庆交通等级保护实施细则》,编写发布了《重庆市高速公路交通阻断信息报送暂行标准》《重庆市路网运行管理办法(试行)》,在《六省一市高速公路信息共享和区域联动公约》的基础上,实现六省一市数据共享,在春运、春节、元旦、国庆等假期交换共享《假期高速公路出行服务指南》,并初步实现省(市)界30公里内视频与路况信息共享。

此外,重庆尝试推行量化考核办法,结合热线电话等后台服务系统,以话务服务数据为基础建立了量化KPI指标,对单位乃至个人服务情况开展了量化考核。部分省份也在尝试结合国检工作,细化出行服务评价标准,对公路交通出行信息服务的及时性、准确性,以及信息获取渠道的多样性、便捷性等方面提出明确要求,探索建立出行服务质量监督与考核评价机制。

(5)贵州

贵州省路网管理与出行信息服务工作处于打基础阶段,现有相关制度集中于外场设施建设,出行信息服务方面主要编制了《贵州省交通运行监测与应急指挥管理暂行办法》《公路运行监测信息采集报送导则》《贵州省12328交通运输服务监督电话管理办法(试行)》等制度,对全省公路、水路、道路运输等部门的工作界面和职责,以及调度指挥、应急值守、信息报送、信息发布等流程建立了相应制度体系,为出行信息服务工作的制度化提供了相应保障。

(6)陕西

2018年8月,陕西省交通运输厅印发了《陕西省交通运输厅关于印发陕西省干线公路网运行调度管理办法(试行)的通知》(陕交发〔2018〕89号文件),理顺了陕西省干线公路网运行调度的程序,明确了省交通运输厅领导全省公路网运行调度管理工作。

随着陕西省高速公路综合监控系统建设的日趋完善和联网规模的不断扩大,为发挥高速公路综合监控系统功效,陕西省高速公路收费中心和各高速公路管理单位在路网运行监测和管理方面进行了大量探索和实践。印发了《陕西省公路条例》五项管理制度,作为保障道路监测、信息处置和出行信息服务的制度基础。

(7)宁夏

宁夏回族自治区实现了决策统一、管理有序的高速公路监控系统的标准制度。为使全区路网监测系统建设工作有序开展,宁夏交通运输厅2014年制定并下发了《宁夏干线公路运行监测与服务系统建设规划(2014—2020年)》,明确了全区干线公路运行监测与信息服务系统建设目标、内容、系统总体框架;编制完成了《宁夏路网监测与应急处置中心信息收集、报送和发布制度》《路网中心应对恶劣天气应急预案》《宁夏交通出行服务信息发布制度》《微博、微信信息采编、发布规范》《可变情报板信息发布制度》等制度;2018年,新增《宁夏交通运输厅公路交通阻断信息报送工作实施细则》,保障全区公路网运行管理工作有序开展。

### （三）公路出行服务管理制度现存问题

1. 出行信息服务相关制度建设有待进一步完善

为保证服务质量，各省（区、市）、市交通运输主管部门均制定了相关规章制度，在一定程度上约束了服务行为，但是随着我国经济快速发展，传统的交通管理模式和管理手段如今正面临着来自多方面的巨大挑战。总体来看，部分省份路网管理与出行信息服务工作仍有较大发展空间，一些省份的制度建设仍处于打基础阶段，现有相关制度集中于外场设施建设和当前工作经验的总结，行业制度基础研究薄弱，缺乏系统性的科研论证、针对性的行业管理制度，对于信息服务工作的量化考核、信息服务质量的把控等尚缺乏制度保障，需进一步加强。

2. 公路网出行服务顶层政策制度体系亟待完善

目前，公路网出行服务宏观上缺乏"顶层设计"，业务定位不准确、管理事权不明确、业务主线不清晰等问题较为突出。行业出行服务工作缺少从顶层规划和整体谋划的站位系统思考不同服务主体的定位和发展问题。服务业务与流程方面也缺乏纲领性、约束性文件指导，导致部、省（区、市）、市、路段在开展出行服务工作时存在诸多政策、制度方面的障碍。

3. 部分省级路网管理机构缺乏制度体系和出行服务责任部门

长期形成的以资产、地域单元为主体的管理体制，高速公路与普通公路相对独立的二元架构，"建管养运"管理机构分设的业务模式已经不能适应公路网"纵向贯通、横向衔接、权责清晰、高效协同"的管理要求，严重影响公路网服务效率。截至目前，各省（区、市）路网运行管理和服务机构还没有完全建立。尽管部、省两级路网运行管理机构都有"三定"方案明确职责，但仍有一半左右省级路网管理机构没有出行服务责任部门，在"无上位法可依"和"缺乏制度体系"的情况下，常导致其存在"职能定位不清晰"与"业务开展难落地"等突出问题。

### （四）公路出行服务管理制度相关建议

1. 深入开展路网管理法规政策与路网管理制度研究

开展《公路法》《公路安全保护条例》相关条款适用性研究。由交通运输部公路局牵头，法制司配合，明确路网管理工作职责、定位及内容，适时启动《国家公路网运行管理办法》编制工作，并通过"立、改、释"等途径，重点针对路网管理日常监测、应急管理、出行服务、联网收费等环节，有序推进相关立法、修法、释法等工作。由交通运输部公路局牵头，交通运输部路网中心配合，开展路网管理制度研究。承接"十三五"交通运输发展规划中期调整的有关要求，在中央和交通运输部有关积极推进"互联网+"行动政策指引下，制定出台《"互联网+"路网管理实施方案（2018—2020）》，明确发展方向和路径。建立健全全行业纵向贯通、横向衔接、责权清晰的路网运行管理制度，实现部对省级、省级对市县各类路网监测与服务数据的统一接入和按需调用。

2. 谋划公路交通出行信息服务顶层设计

新时代，我国社会主义主要矛盾已经转化为人民日益增长的美好生活需求和不平衡不充分的发展之间的矛盾。掌握了这一主要矛盾,就要按照"以问题为导向,以需求为牵引"的思路直面问题、破解矛盾、满足需求、提高服务质量。我们要始终坚持"以人民为中心"的服务宗旨,从顶层设计入手,抓紧建立健全制度体系和评价指标,完善国、省、市、县四级公路交通应急预案体系,细化部级应急管理制度,指导省级完善公路应急管理制度,整体谋划统筹安排新时代出行服务工作。

3. 加快推进公路交通出行信息服务规章制度建设

进入"互联网+"时代,公路交通出行信息服务方面的制度依然停留在2006年交通部公路局印发的《公路交通出行信息服务工作规定(试行)》,其中对机构职责以及信息采集、发布、管理考核等内容的部分规定已不再适用,急需修订。制度修订时应同时兼顾适用性与前瞻性,在考虑公路交通出行信息服务机构的设置现状的基础上,充分考虑市场化改革以及社会企业、物联网、大数据、移动互联网、无人驾驶等新一代信息技术对公路交通出行信息服务领域的影响,立足实际和长远发展,明确公路交通出行信息服务的机构职责、出行信息采集、处理、发布流程以及合作模式、考核要求等内容,架构公路交通出行信息服务体系,构建政府和社会互动的出行信息采集、共享和应用制度,初步实现普遍性公益服务与个性化定制服务相结合的公路出行信息服务新体系,促进全国公路交通出行信息服务工作规范化。

## 二、公路出行服务标准规范

### (一)公路出行服务标准规范概况

标准规范是指组织为有效实现目标,对组织的活动及其成员的行为进行规范、制约与协调,而制定的具有稳定性与强制力的规程与标准体系。

公路出行服务标准规范是指为增强出行服务能力、提高出行服务质量、提升出行服务体系建设的标准化程度,对公路出行服务组织管理及工作方法进行规范、制约与协调,对服务设施和出行信息服务进行规范的具有权威性、科学性、稳定性的规定、规程、标准与技术规则等,具有统一性、一致性、公认性、可重复性等基本特点,常以"标准""技术规范""技术要求"等形式出现。

随着国内公路交通快速发展,各级公路连线成网,公路通行量日益增加,随之出行服务的重要性逐渐凸显。当前,交通运输总体需求旺盛,公众日益增长的多样化需求和传统服务功能供给的不匹配,对公路管理和服务水平、服务能力、服务质量提出较高的要求。公路服务水平必须与人民群众日益提高的生活品质相适应,利用信息化手段,逐步提高公路智能化水平,丰富服务方式,整合服务资源,提高综合服务能力,为公众提供安全、便捷、畅通的出行服务。各级交通主管部门和公路管理机构、收费公路经营管理单位,为了满足社会公众和客货运输企业日益增长的公路交通出行需求,提高公路网的运行效率和服务水平,加强内部管理,服务公众出行,发布出行服务信息,建设服务型行业,构建和谐交通,进一步加强推动公路出行服务标准规范的完善。

按照公路出行服务标准的使用范围及层级不同,可划分为国际标准、区域标准、国家标准、行业标准、地方标准、团体标准、企业标准等,例如:《道路交通信息服务通过调频数据广播发布的道路交通信息》《道路交通信息服务交通事件分类与编码》《公路电子不停车收费联网运营和服务规范》《公路出行信息服务技术规范》等。目前,国内公路出行服务领域现行标准较少,例如:《公路电子不停车收费联网运营和服务规范》《公路网运行监测与服务暂行技术要求》和《高速公路改扩建交通工程及沿线设施设计细则》等。

### (二)公路出行服务标准规范现状

#### 1. 部级层面公路出行服务标准规范现状

近年来,交通运输总体需求旺盛,公众日益增长的多样化需求和传统服务功能供给的不匹配,对公路管理和服务水平、服务能力、服务质量提出较高的要求。为了满足社会公众和客货运输企业日益增长的公路交通出行需求,提高公路网的运行效率和服务水平,各级交通主管部门和公路管理机构、收费公路经营管理单位,将所掌握或实地采集的相关公路交通信息和数据进行整理、加工后,通过可变信息标志、互联网终端应用、服务热线、标志标牌、广播、电视、报纸等服务方式向社会发布。

为规范公路出行信息服务内容、服务形式、服务要求、数据交换,提升公路出行信息服务质量,提高公路出行信息服务水平,规范公路出行服务体系规划、设计、建设和运营管理,交通运输行业标准主管部门着力推动公路运营标准建设,其中《公路服务设施设计规范》《公路管理设施设计规范》《公路治超信息系统技术规范》《公路运行监测技术规范》《公路出行信息服务技术规范》《公路服务区运营服务规范》《收费公路移动支付运营和服务规范》《公路网管理平台技术规范》《公路交通应急处置技术规范》等标准均处于制订状态。

本书以已修订形成的《公路工程标准体系》和正在制订的《公路出行信息服务技术规范》为例进行介绍(因公路出行服务标准规范,随时存在更新的可能,本书仅对截至2018年底的情况进行介绍)。

(1)《公路工程标准体系》

为落实交通运输部"综合交通、智慧交通、绿色交通、平安交通"四个交通建设任务,交通运输部公路局和中国工程建设标准化协会公路分会承担修订了《公路工程标准体系》(JTG 1001—2017),指出公路工程标准体系框架由总体、通用、公路建设、公路管理、公路养护、公路运营等六个板块构成。其中,公路运营作为单独板块列入公路工程标准体系框架,由运行监测、出行服务、收费服务、应急处置、车辆协同、造价六个模块构成,同时出行服务作为单独模块成为公路工程标准体系的重要组成部分。《公路工程标准体系》指出"出行服务模块由服务设施和出行信息服务等标准构成",其中,公路出行服务设施标准包含"沿线服务区(站、点)的功能、运营和服务规范以及评价方法,沿线信息发布设施设置及技术要求等内容",公路出行信息服务包括"出行信息发布内容及数据格式、服务水平及质量评价等内容"。

(2)《公路出行信息服务技术规范》

为提高公路出行信息服务水平,《公路出行信息服务技术规范》规范公路出行信息服务体系规划、设计、建设和运营管理,指导省级交通运输主管部门及公路管理部门公路出行信息服务体系建设,通过信息服务规范制订,明确服务内容、服务形式、服务要求,规范数据交换内容、数据交换接口、网络安全,亮化公路出行信息服务质量测评标准,提出公路出行信息服务渠道、服务方式、服务流程、服务平台的基本架构、数据接入要求、数据共享要求、数据接口要求,基本功能要求和联网要求,从服务分级的角度,对信息服务范围、颗粒度、系统要求、效果评价等多个方面提出量化指标,为进一步提高服务质量奠定制度基础。

通过编写《公路出行信息服务技术规范》,进一步引导各级交通主管部门和公路管理机构、收费公路经营管理单位利用信息化手段,逐步提高公路智能化水平,整合服务资源,丰富服务方式,提高综合服务能力,为社会公众提供及时、准确的交通信息服务和安全、便捷、畅通的出行服务。统一部与各省(区、市)、各区域公路管理部门在公路出行信息服务应用系统的功能模块、数据格式与系统接口,推进全国公路核心业务的规范化和集约化,为公众提供全方位、多渠道、多层次的综合性动态交通信息服务奠定技术基础。

2. 省级层面公路出行服务标准规范现状

为贯彻国家"创新、协调、绿色、开放、共享"五大发展理念,落实"互联网+"行动计划、大数据发展行动纲要,各省(区、市)陆续开展公路出行信息服务系统建设,但由于各省(区、市)管理体制、模式、业务需求等的差异,公路信息化建设集约化程度不高,仍存在公路网管理手段单一、基础信息能力薄弱、整体性应用缺乏、信息服务品质不高等问题,信息资源分散、系统间接口繁杂,信息资源开放共享程度低,不支持跨省(区、市)、跨区域系统的集成应用、协同运行和业务协调联动,同时行业缺乏公路出行信息服务的标准,严重影响了系统的统一性、兼容性和可用性,公路信息化投资不能发挥应有的效益。

从各省(区、市)出行服务标准规范概况来看,仅有少数的省份建立了公路出行服务标准规范,广东、贵州、宁夏的出行服务标准规范较有代表性,本书将以上述省份为例进行列举[因各省(区、市)标准规范存在更新的可能,本书仅对截至2018年底的情况进行介绍]。

(1)广东

高速公路方面,广东省交通集团监控中心积极搭建集团系统层面监控路网管理的制度框架,对路况信息的采集填报与对外发布、情报板信息服务及联动发布、指令传达落实、投诉应对处置、应急电话值守等进行了规范,相关业务已逐步在轨道内运转起来。普通国省道方面,广东省公路事务中心制定了相关标准规范,主要有《广东省普通干线公路改造(养护)示范工程外场视频监测点及电子可变情报板建设相关要求》《广东省普通公路视频监控设备及平台联网技术要求(试行)》《广东省普通国省干线公路服务设施建设技术指南》,并于2018年制订完成了《广东省普通国省干线公路网监测点布局规划》《广东省普通公路网管理平台技术指南》两项标准规范。

(2)贵州

贵州省路网管理与出行信息服务领域编制完成了《交通调查站建设规划》《高速公路机电设施建设指南》《高清监控视频标准》《高速公路气象站建设指南》等外场感知系统建设布局和技术规范。

(3)宁夏

宁夏回族自治区编制完成了《宁夏高速公路联网收费、监控、通信系统技术要求(修订)》

《宁夏交通运输厅信息系统安全状况分析与解决方案》《宁夏高速公路联网系统网络安全技术规范》《宁夏公路交通气象观测站建设技术要求》等相关技术标准,统一规范指导全区路网运行监测信息系统建设。

### (三)公路出行服务标准规范现存问题

1. 暂时缺乏行业内出行服务效果评价的标准作为有力抓手

虽然新修订的《公路工程标准体系》(JTG 1001—2017)将出行服务列为单独模块,但公路出行服务领域仍缺乏整体的行业标准,出行服务效果评价目前缺少有效抓手。

2. 亟待建立不同路网机构出行服务工作的统一标准

部分省份公路交通管理部门尚未考虑机构之间现有平台的统一,在建立工作计划时仅仅依托现有使用系统坐标建设数据资源平台和数据中心。在一些省份,相关公路交通管理部门之间各自为政、多头建设,相关信息系统之间相对孤立、缺乏关联和综合运用的现状,为高效、及时、准确、便捷的出行信息服务工作形成了障碍。

3. 尚未形成基础数据资源的规范与统一管理

2008年交通运输部组织的信息资源整合工程试点及2012年的升级改造,部分省份虽然完成了省(区、市)内信息资源的整合,统一了GIS平台,但在使用过程中,由于坐标不统一、与高速公路养护系统坐标不一致等问题,导致GIS平台在高速公路网管理中没能成功使用。在高速公路管理领域,部分省份因高速公路外巡系统、养护系统等日常使用系统与其他机构系统难以兼容,未能使用,信息资源整合效应尚未充分体现。

### (四)公路出行服务标准规范相关建议

1. 完善出行服务制度及标准规范体系

坚持"以人民为中心"的发展思想,以提高人民公路出行的获得感、幸福感、满意度为出发点,围绕公众切实出行服务需求及公路出行服务痛点问题,加强顶层设计和系统谋划,用制度推动公路出行服务工作的开展,用标准规范提升出行服务工作各项水平,完善出行服务制度及标准体系,明确公路出行服务责任和出行服务标准,引导公路运营主体加快观念转变,规范化服务,向公众提供多层次、标准化、高品质的出行服务。根据行业发展现状,优先推动《公路交通出行信息服务工作规定》《公路出行信息服务技术规范》《高速公路出行服务质量标准规范》等制度及标准的制修订与落地执行。

2. 加快推进全国公路出行信息服务工作规范化

在某些省份,高速公路、普通公路虽在日常管理中分属不同单位管理,但两者作为路网的重要组成部分,还需统一标准、一盘棋考虑,建立不同路网机构间统一的出行服务规范,才能保证不同渠道信息的一致和准确,为准确、高效路网管理和出行信息服务提供保障。配套制定业务标准、服务规范,明确服务流程、服务标准等内容,为全国及各省(区、市)出行信息服务体系建设提供技术和手段支撑,加快推进全国公路出行信息服务工作规范化。

### 3.研究客观人性的指标体系为标准规范的适用性做支撑

深化服务意识,以建立人民满意交通为出发点,着眼公路出行服务质量的全面提升,围绕行业发展和公众出行服务需求,研究制订涵盖服务区服务、收费站服务、道路通行服务、信息服务、救援服务等多方面内容的客观人性指标评价体系,建立考评、整改、监督、后评价工作机制,健全评价指标,优化评价方法,以评促管、以评促改,构建"以服务为导向"的满意度评价,增强运营主体做好公路出行服务的推动力,强化主动服务的意识,不断强化公路从业人员服务意识,切实提升高速公路出行服务体验。科学技术的快速迭代对标准规范的领先性、高效性、适用性提出了更高的要求,从指导建设到规范服务的功能拓展,迫切需要建立一套客观人性的指标体系做支撑。

# 第五章

# 公路出行信息服务

本书所讲述的出行服务涵盖了以公路沿线信息发布设施、公路出行服务网站、交通服务热线、广播、电视、车载终端以及移动网络终端等多种手段为终端,以路径规划、实时路况信息、占路施工信息、公路气象信息、事件预报预警信息、交通诱导信息等多种信息为内容的出行信息服务以及以服务区、加油站、收费站等沿线基础设施为服务依托的各类出行服务。

本书将重点围绕以发布方式为划分依据的依托传统媒体渠道发布的出行信息服务和新媒体渠道发布的出行信息服务为基础,摸清我国公路交通出行信息服务总体情况,梳理现存问题,了解发展完善需求,形成相关措施建议以推动公路交通出行信息服务更好发展。

## 一、公路出行信息服务背景

2006年,为了更好地满足人民群众的出行需求,交通运输部印发《公路交通出行信息服务工作规定(试行)》。《交通运输信息化"十三五"发展规划》中提出"要全面建成小康社会,要求提供覆盖更广、品质更优的交通运输出行服务"。《综合运输服务"十三五"发展规划》中提出"推动实现公共信息服务一网通'"。2016年11月,交通运输部搭建的"出行云"上线,为社会公众提供高品质、差异化、多层次的综合交通出行信息服务。《交通运输信息化"十三五"发展规划》中明确要求"推进交通运输'互联网+',充分利用信息技术改造传统交通运输业","打造全新的交通运输服务升级版"。同时,规划提出实施'互联网+'便捷交通、推进'互联网+'高效物流、促进大数据发展和应用等重要任务,进一步推进新一代信息技术的行业应用,实现智慧交通创新发展。

在国民经济对交通运输的依赖越来越深的前提下,公众对出行的需求越来越多,在"互联网+"大背景下,交通运输行业需要利用信息化手段,为互联网时代的用户提供全流程、高质量、多内容、多方位、动态、实时、便捷轻松的出行服务。新一代信息技术具有网络互联移动化和泛在化、信息服务智能化和个性化等新特征,为创新行业监管能力、提高行业运行效率、增强服务能力提供了有效手段,对交通运输行业管理和服务产生了很大冲击和挑战。

我国公路交通出行信息服务发展较晚,高速公路交通信息服务主要依靠政府建立的公路交通出行信息服务系统,将所掌握或实地采集的相关公路交通数据和信息进行整理、加工后,通过各种有效方式向社会发布。公路出行信息服务是为满足社会公众对出行交通信息的迫切需求而提出的一个系统工程,不仅可为社会公众提供及时、准确的交通信息服务,也让老百姓出行更便捷、经济,是各级交通主管部门建设服务型行业、构建和谐交通的重要内容。

## 二、公路出行信息服务总体情况

### (一)部级层面公路出行信息服务总体情况

**1. 政府引导公路出行信息服务项目成果显著**

部级层面积极开展创新公路出行信息服务工作,取得了良好的成绩,得到了行业内和社会公众的广泛认可。在部级层面,交通运输部与中央人民广播电台合作建设的"中国交通广播"已全天候覆盖京、津、冀、湘、渝、鄂高速公路网和主要城市,每时每刻向全国听众发布出行资讯和路况信息;实现在一张 GIS-T 地图上实时监测全国高速公路、收费站拥堵状态;实现同一平台扁平化提供近 2000 个路段出行信息;着手研发应用全国公路服务质量评价满意度调查二维码系统;在京沪高速公路实现 1400 多路视频向公众实时开放;全国公路出行信息服务系统竣工验收。这将形成以国家高速公路、国省干线公路为核心,汇集基础数据,融合行业信息、出行信息的全国路网 GIS 地图,为政府决策研判,为行业支撑服务,为公众享受便捷、实时、准确的信息服务提供了有力的技术保障。

**2. 市场主导公路出行信息服务项目百花齐放**

公路出行信息服务工作始终坚持"市场主导",充分发挥市场在资源配置中的决定性作用,强化市场在出行服务中的主体地位,社会化服务提供方为公路出行服务带来更多人性化解决方案,为公众便捷出行提供丰富选择。在部级层面,2018 年以来,部路网中心通过政务微博、微信、网站等发布信息 2 万余条,累计关注人数突破 30 万人、总阅读量数亿余次,"两微一端"积极打造"中国路网"品牌,为落实国家大数据发展战略,联合百度搭建的综合交通出行大数据开放云平台,率先在探索政企社会化服务合作方面取得了显著成绩。

**3. 交通运输管理部门积极创新出行信息服务管理模式**

交通运输管理部门积极创新出行信息服务管理模式、加强建设和引导,以"五大发展理念"为引导,广泛开展合作。重大节假日、重大活动、重要时段和重特大突发事件的"三重一大"期间,着重开展了央视、央广等权威媒体"线上线下"直播、出行大数据研判分析、"中国路网"品牌新媒体服务矩阵发布、公路出行信息服务培训班和年度"公路出行服务影响力排名"榜单发布等工作。为实现出行信息的"最高效传播、最有效触达和最实时沟通",交通运输部路网中心于 2017 年 11 月 3 日发起组建了"中国公路出行信息服务联盟",截至 2018 年底,引入行业内近 60 余家从事公路出行服务工作的企事业单位踊跃加入,建立全国公路出行信息服务共享平台,通过"出行头条"整合中国公路出行信息服务联盟公共服务能力,遇重大突发事件时,可触达用户超过 8700 万。政务新媒体的广泛使用,大大加强了全行业出行服务的传播力、影响力和服务效果。

## (二)省级层面公路出行信息服务总体情况

### 1. 各级管理单位积极加入中国公路出行信息服务联盟

各级管理单位本着服务、共享、联合、共赢的理念，积极加入中国公路出行信息服务联盟，进一步拓宽出行信息服务平台，提升服务效果，联盟成员通过共同开发使用的手机 WAP"出行头条"可直接触达约 8700 万互联网用户。联盟集合了交通运输行业多家公路出行服务官方新媒体单位以及气象、旅游、汽车等行业公路出行服务领域的微信公众号、微博等专业新媒体，以"服务、共享、合作、共赢"为核心理念，充分利用互联网技术手段，促进出行服务理念、服务模式的不断完善、创新和发展，推动建立全国范围公路出行信息服务共享平台。

2017 年 11 月 6~26 日期间，借助中国公路出行信息服务联盟平台，利用"出行头条"植入各联盟新媒体的方式，联盟成员共同开展了"智慧公路中国好创新"全国大联播活动。各联盟成员分别通过自有新媒体平台联合发布推文 27 篇，覆盖全国用户 300 多万。作为智慧公路主题赛的主办方之一，有效提升了竞赛作品传播力，进一步扩大了中国公路出行信息服务联盟的影响力，提升了各省(区、市)出行信息服务效果。

2018 年 3 月 30 日，部路网中心倡议成立的中国公路出行信息服务联盟在安徽合肥召开首次年度工作会议，部公路局、部路网中心、联盟秘书长单位相关领导以及各省市 53 家理事单位、120 余名代表出席了会议。与会代表就"互联网 + 出行服务"背景下，公路出行服务面临的形势、现状与今后工作重点等进行了交流，并分别就联盟的未来、运营思路和发展原则、交通强国建设、公路出行服务领域的优秀成果进行了探讨，为联盟的发展描绘了蓝图。会议还举行了新加入联盟成员的授牌仪式，并着眼自驾游出行需求，聚焦房车出行服务，举行了高峰论坛。

### 2. 各级交通运输部门出行信息服务渠道不断增多

出行信息服务保障能力不断增强，渠道不断增多。省级公路交通部门以地方出行服务网站为平台，不断拓展微博、微信、手机 app 等新媒体信息发布渠道和服务手段，信息发布渠道建设不断完善，服务广大出行群众。高度重视出行信息服务工作，积极推进出行信息发布平台建设，促进公路交通信息服务的共享和应用，信息发布渠道建设不断完善，信息发布内容逐步得到提升。各省级交通运输部门建立全天候、全覆盖、立体化的出行信息服务体系，从满足公众出行需求和满足管理需求的角度出发，按照全天候、全覆盖、立体化对社会公众提供"出行前"和"出行中"不同阶段的信息服务。"全天候"——工作人员 24 小时值守响应公众的服务需求；"全覆盖"——服务内容涵盖了路况信息、阻断信息、气象信息、出行常识、绕行方案等与公众出行密切相关的各类信息；"立体化"——综合利用广播电台、电视台、报纸、热线电话、政务网站以及"两微一端"等多种手段为公众提供出行服务。

根据各省份上报信息和出行服务业务记录，截至 2017 年底，全国公路出行信息发布渠道实现稳步增长，所有省份基本实现多渠道信息发布的模式，各省级交通运输部门建立全天候、全覆盖、立体化的出行信息服务体系，但由于 2018 年各省(区、市)体制改革、机构合并重组，出行信息发布平台数量较合并前有所减少。

截至 2018 年底，全国 31 个省级交通运输或公路交通部门全部开设公路出行服务网站，共计开通具备公路出行服务功能的网站(含专门出行服务网站和具备上述功能的网页、栏目网站,包括 ETC 服务网站、公路气象服务网站)110 个;共有 28 个省份开通具备公路出行信息服务功能的新浪微博 71 个;共有 31 个省份开通公路出行信息服务功能(含 ETC 业务)的微信 134 个;全国 26 个省份开通移动客户端 46 个(信息服务网站、两微一端情况如表 5-1 所示);全国 31 个省份开通客服电话号码 82 个(含 12328);全国共有 30 个省份开展了公路出行信息服务媒体全方位合作 132 项(不完全统计)。

**2018 公路出行服务新媒体建设情况** 表 5-1

| 省(区、市) | 网站 | 新浪认证微博 | 微信公众号 | 移动客户端 |
|---|---|---|---|---|
| 北京 | 5 | 3 | 7 | 4 |
| 天津 | 1 | 5 | 5 | 2 |
| 河北 | 4 | 1 | 2 | 1 |
| 山西 | 2 | 1 | 5 | 1 |
| 内蒙古 | 3 | 2 | 5 | 1 |
| 辽宁 | 4 | 2 | 2 | 1 |
| 吉林 | 8 | 2 | 3 | 1 |
| 黑龙江 | 2 | 0 | 4 | 1 |
| 上海 | 3 | 3 | 4 | 2 |
| 江苏 | 4 | 2 | 6 | 3 |
| 浙江 | 3 | 4 | 6 | 2 |
| 安徽 | 5 | 6 | 7 | 2 |
| 福建 | 4 | 1 | 5 | 3 |
| 江西 | 5 | 5 | 5 | 0 |
| 山东 | 5 | 7 | 11 | 5 |
| 河南 | 5 | 3 | 6 | 1 |
| 湖北 | 4 | 2 | 2 | 1 |
| 湖南 | 2 | 1 | 4 | 1 |
| 广东 | 5 | 1 | 9 | 4 |
| 广西 | 4 | 3 | 3 | 0 |
| 海南 | 2 | 0 | 1 | 0 |
| 重庆 | 2 | 3 | 4 | 1 |
| 四川 | 3 | 2 | 4 | 1 |
| 贵州 | 4 | 1 | 4 | 1 |
| 云南 | 3 | 1 | 4 | 2 |
| 西藏 | 2 | 0 | 1 | 0 |
| 陕西 | 4 | 2 | 5 | 2 |
| 甘肃 | 4 | 3 | 3 | 1 |
| 青海 | 4 | 2 | 4 | 1 |
| 宁夏 | 3 | 2 | 2 | 1 |
| 新疆 | 1 | 1 | 1 | 0 |
| 省份数量 | 31 | 28 | 31 | 26 |
| 项目数量 | 110 | 71 | 134 | 46 |

**3. 积极利用各类市场化合作手段提供出行信息服务**

进入新媒体时代,公众对公路交通出行信息的需求也更个性化、多样化,要求服务内容更全,服务范围更广,对高质量的公路交通出行信息服务需求增多。各级公路交通部门加快实施出行信息发布平台建设,促进公路交通信息服务的共享和应用,多方面开展合作,社会化合作进一步增强。省级交通运输部门和建设运营单位均积极通过各种自建服务与市场化合作手段面向公众提供服务,以"BATJ"等互联网公司和移动、电信等电信运营商为代表的企业,充分利用"云、大、物、移"等技术,通过每天数亿次日活用户汇聚的大量信息,在数据分析和终端服务方面持续创新,促进出行信息服务水平不断提高。据统计,目前已有20余个省份与支付宝、高德和移动通信等企业开展近百项增值服务。其中,北京、天津、江苏等10余个省份与高德地图、百度地图、今日头条等深度合作和信息共享。

## 三、节假日公路网运行研判信息服务

### (一)节假日定义

节假日是节日和假日的合称,主要节假日有元旦、春节、清明节、劳动节、端午节、中秋节、国庆节等。

### (二)高速公路免费通行定义

高速公路免费通行是指在春节、清明节、劳动节、国庆节四个法定节假日期间我国许多省份的收费公路针对7座以下(含7座)载客车辆,包括允许在普通公路行驶的摩托车,实行免费通行政策。

### (三)高速公路免费通行时间

根据国务院下发的《重大节假日免收小型客车通行费实施方案》规定,高速公路可以免费通行时间为春节、清明节、劳动节、国庆节四个国家法定节假日,以及国务院办公厅文件确定的上述法定节假日连休日。以2018年春节期间为例,2018年2月15日为除夕,2月21日为大年初六,法定节假日为2018年2月15~21日,高速公路免费通行时间为2018年2月15日0点~2月21日24点。

### (四)高速公路免费通行车辆范围

高速公路免费通行车辆的范围是行驶的7座以下(含7座)载客车辆,包括允许在普通收费公路行驶的摩托车。

### (五)高速公路免费通行时间计算方式

高速公路免费通行时间是按车辆驶离高速公路出口的时间为准,即若在非免费时段进入高速公路,但出高速公路的时候是免费时段,则属于免费通行;若在免费时间进入高速公路,但出高速公路时是非免费时段,则不属于免费通行的范围。

临近高速公路免费通行结束时间前,建议驾驶员适当提前在就近收费站出高速公路,再重新入高速公路,可最大程度享受优惠政策,同时可以避免因赶时间、超速行驶而引起安全事故。

### (六)高速公路免费通行期间 ETC 车道通行方式

高速公路免费通行期间,安装使用 ETC 电子标签的小型客车均按免费政策执行,并以"一车一落杆"的方式免费通行高速公路。如在高速公路免费通行期间内从人工车道驶入高速公路,因无车辆入口信息,ETC 车道出口栏杆机不会抬杠,车辆不能正常出站,必须选择人工车道通行;高速公路免费通行期间,如果从 ETC 车道进站,从人工车道出站,因无法形成完整的通行记录,车辆入口信息会保留到下一次使用,可能会影响下一次的正常通行。

### (七)"免通"节假日公路网运行研判信息服务

高速公路免费通行的节假日包含春节、清明节、劳动节、国庆节四个国家法定节假日,本书以 2018 年清明节为例,进行研判信息服务介绍。

2018 年清明节小长假期间,高速公路实行免费通行的政策,在 4 月 5~7 日对七座和七座以下的小客车以及允许在普通公路行驶的摩托车实行免费通行。由于受到"免通"政策、清明扫墓集中和外出旅游等因素的影响,公众的出行需求相对比较旺盛,因此,交通运输部公路局与交通运输部路网中心联合中国气象局公共气象服务中心、交通运输部规划研究院、千方科技和高德地图共同对清明小长假期间公路运行趋势进行了预判。

根据预测,公路网去程流量的高峰时段主要集中在节日的第一天,即 4 月 5 日上午 9~12 时,而返程流量的高峰时段主要集中在 4 月 7 日 15~21 时,如图 5-1 所示。提醒公众合理地规划好出行时间,规避拥堵、错峰出行。

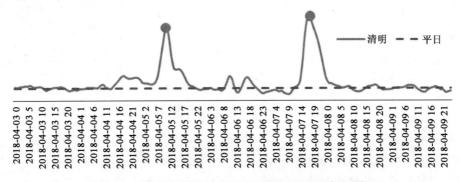

图 5-1 2018 年清明期间全国高速公路网去程、返程高峰时段

另外,区域流量预测方面,从全国的公路网范围来看,车流量较大的主干高速公路路段主要集中在华东和华南地区,这些境内的沈海高速公路、沪蓉高速公路、京沪高速公路、京港澳高速公路都可能会集中大量的车流量;而从城市周边的区域来看,珠三角、长三角和成渝地区的广州、上海和重庆周边的绕城高速公路也容易产生较大的流量。提醒公众在出行时尽量选择流量相对不大的高速公路路段,合理规划好绕行路线,避免发生拥堵。

公路气象方面,2018年清明节期间,整体来看,全国大部分的地区和时段,公路出行受气象条件的影响是不大的。不过,交通运输部路网中心联合中国气象局做了预测,预计4月4~6日,我国西北部的部分地区会有扬沙或浮尘的天气,低能见度可能对公路出行产生不利的影响;另外,江淮、江汉区域在4月5日可能会有降雨天气,提示公众在相关路段出行时做好车辆的防滑措施,安全出行。

## (八)非"免通"节假日公路网运行研判信息服务

高速公路非免费通行的节假日主要有春节、元旦、端午、中秋等,在以上节假日中,高速公路不实行免费通行政策。本书以2018年元旦为例,进行研判信息服务介绍。

2019年元旦假期为2018年12月30日~2019年1月1日,共3天(周日至周二)。2019年元旦假期期间,高速公路不实行免费通行政策。为做好元旦期间全国公路网运行的服务保障工作,交通运输部公路局与交通运输部路网中心联合交通运输部规划研究院、千方科技、高德地图和中国气象局进行了元旦期间全国路网运行研判信息服务。

由于受到元旦3天假期的影响,公众出行需求比平日稍有增加,以中短途为主。根据预测,受部分出行者提前出行因素的影响,预计节前1天(2018年12月29日)16~18时出现去程高峰;假期第1天、第2天拥挤程度会有所缓解;假期最后1天(2019年1月1日)16~18时出现返程高峰,节后第一个工作日恢复到正常水平,如图5-2所示,提醒公众合理地规划好出行时间。

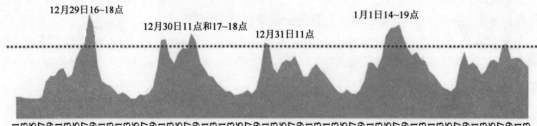

图5-2 2019年元旦全国公路网拥堵趋势预测图

元旦假期,预计车流较大路段主要集中在大城市进出城高速公路、城市机场高速公路和通往滑雪场、温泉、热门景区等公路局部路段。京沪高速公路、沈海高速公路、长深高速公路、上海绕城高速公路、杭州绕城高速公路、杭甬高速公路、广州绕城高速公路、莞佛高速公路、京承高速公路、京平高速公路、成都绕城高速公路等局部路段将出现不同程度车流量大、车辆缓行等情况。提醒公众在出行时尽量选择流量相对不大的高速公路路段，遇到拥堵时，就近选择流量相对较小的普通公路进行绕行，合理规划好绕行路线，避免发生拥堵。

## 四、公路出行信息服务效果评价探索

交通运输部路网中心与人民网舆情数据中心、综合交通大数据应用技术国家工程实验室、中国政法大学光明新闻传播学院课题组，从2017年起开始探索开展全国公路交通出行信息服务产品服务效果评价工作，建立每年一次的全国公路出行信息服务产品服务效果评价排名机制。在评价过程中不断完善，力争构建全国公路交通出行信息服务产品服务效果评价指标体系，争取全面、客观、公平、公正地反映全行业出行信息服务现状，为后续服务质量的改善提供重要支撑，激励创新公路交通行业出行信息服务模式，进一步推动公路交通出行信息服务产品建设，提升公路出行信息服务品质。

交通运输部路网中心联合课题组研究建立全国路网出行信息服务产品服务效果评价指标体系，发布年度全国公路交通出行信息服务产品服务效果影响力排名。围绕构建出行信息服务指标体系工作，在研究成果的基础上，利用大数据分析、舆情监测等手段，初步建立了权威、公正的第三方指标评价体系，针对全行业各省级交通行业出行信息服务产品进行了指标化评估，科学、细致、客观地对各出行信息服务产品的活跃度、传播力、互动力等方面进行了规范化、标准化评定，并于2017年首次发布了"公路交通出行服务产品综合影响力排名"和"公路交通出行服务产品客户端影响力排名"榜单（排名结果仅供参考，权威性有待今后研究工作的进一步考证），详见表5-2和表5-3。公路交通出行信息服务产品服务影响力排名工作进一步推动了各省（区、市）公路交通出行信息服务产品建设，提高了公路出行信息服务类平台的服务质量，起到了"以评促建"的积极作用，为建立全方位、多层次的出行信息服务产品质量评价体系打下了良好的基础。

"2017公路交通出行服务产品综合服务效果影响力排名"榜单（仅供参考） 表5-2

| 排名 | 单位 | 新浪微博 | 微信公众号 | 客户端 | 客服电话 | 得分 |
|---|---|---|---|---|---|---|
| 1 | 山东高速集团有限公司电子收费中心 | 山东高速集团电子收费中心 | 高速ETC | 高速ETC | 96766、95011 | 5.7034 |
| 2 | 山东高速股份有限公司 | 山东高速出行服务 | 山东高速出行信息 | e高速 | 96659 | 5.3657 |
| 3 | 江西省高速公路联网管理中心 | 江西交通12328 | 江西交通12328 | ETC赣通宝 | 12328、96122 | 5.2982 |
| 4 | 江苏高速公路联网营运管理有限公司 | 江苏高速96777 | 江苏高速96777 | e行高速 | 96777 | 5.2265 |

续上表

| 排名 | 单 位 | 新浪微博 | 微信公众号 | 客户端 | 客服电话 | 得分 |
|---|---|---|---|---|---|---|
| 5 | 湖北省高速公路联网收费中心 | 湖北高速ETC | 湖北e出行 | 湖北高速ETC | 12122、96576 | 5.2239 |
| 6 | 天津市高速公路管理处 | 天津高速公路 | 天津高速公路 | 天津高速通 | 12122 | 5.1263 |
| 7 | 河北省高速公路管理局指挥调度中心 | 河北高速96122 | 河北高速 | 河北高速通 | 12328、96122 | 5.0565 |
| 8 | 陕西省高速公路收费中心 | 陕西交通12122 | 陕西交通12122 | 陕西高速通 | 12328、12122 | 5.0008 |
| 9 | 辽宁省高速公路运营管理有限责任公司 | 辽宁高速通 | 辽宁高速通 | 辽宁高速通 | 96199 | 4.7126 |
| 10 | 甘肃省高速公路管理局 | 甘肃高速 | 甘肃高速96969 | 甘肃爱城市 | 0931-96969 | 3.7508 |

**"2017公路交通出行服务产品客户端服务影响力排名"榜单**(仅供参考) 表5-3

| 排名 | 客户端名称 | 单位名称 | 得 分 |
|---|---|---|---|
| 1 | 高速ETC | 山东高速集团有限公司电子收费中心 | 8.0054 |
| 2 | 行云天下 | 安徽省高速公路联网运营有限公司 | 6.6239 |
| 3 | e高速 | 山东高速股份有限公司 | 6.4318 |
| 4 | 湖南高速通 | 湖南省高速公路管理局监控中心 | 6.0786 |
| 5 | 广东高速通 | 广东省交通集团有限公司高速公路监控(客服)中心 | 5.6910 |
| 6 | 闽通宝 | 福建省高速公路有限责任公司 | 5.6814 |
| 7 | 辽宁高速通 | 辽宁省高速公路运营管理有限责任公司 | 5.2972 |
| 8 | 湖北高速ETC | 湖北省高速公路联网收费中心 | 5.0030 |
| 9 | e行高速 | 江苏高速公路联网营运管理有限公司 | 4.9825 |
| 10 | 黔通途 | 贵州黔通智联科技产业发展有限公司 | 4.9179 |
| 11 | 天津高速通 | 天津市高速公路管理处 | 4.6425 |
| 12 | 河北高速通 | 河北省高速公路管理局指挥调度中心 | 4.6416 |
| 13 | 浙江ETC | 浙江省高速公路不停车收费用户服务中心 | 4.5087 |
| 14 | 陕西高速通 | 陕西省高速公路收费中心 | 4.4778 |
| 15 | 重庆交通 | 重庆市交通运行监测与应急调度中心 | 4.4043 |
| 16 | 乐行上海 | 上海市路政局 | 4.3150 |
| 17 | ETC赣通宝 | 江西省高速公路联网管理中心 | 4.0668 |

2018年,部路网中心在总结2017年第一次组织行业服务产品质量评价工作的基础上,本着"自觉自愿、以评促建"的原则,通过指标体系研究、行业内外专家主观评价、问卷调查、数据监测等体系化方式,按照函调上报、确认参与、委托研究、组织评价、公开发布的工作流程,充分结合各省(区、市)行业管理的特点,对标互联网出行服务信息提供商,将原有指标体系进一步细化为4级评价指标、300余个参数,分别从7个方面开展评价,共计发放调查问卷3000余份,评价单位131家,从内容、形式、品牌建设、团队建设、传播效果等多个方面综合评估,分别发布了微博、微信公众平台、手机客户端、路况服务电话、ETC"两微一端"、新媒体直播和互联网路况信息客户端等7个榜单,评价对象涵盖了行业管理单位运营的路况信息类客服电话,公路出行信息服务类微博、微信公众号、客户端,公路出行信息服务类新媒体直播服务,ETC信息服务以及互联网企业语音的路况信息服务类客户端等与出行信息服务密切相关的服务(表5-4~表5-10),扩展了评价范围、细化了评价指标、拓宽了评价领域。

2018年度服务质量评价工作,取得了积极成效:研究团队进一步优化壮大,引入综合交通大数据应用技术国家工程实验室等权威机构加入人民网、中国政法大学等团队,开展更加科学、专业、严谨的评价工作;评价组织合理高效,形成了更加成熟、规范、系统的工作模式;评价范围逐步宽泛,排名种类设计更加人性客观,围绕服务多样化、内容丰富化、评分精细化等特点,按照信息载体对评分体系重新划分,指标体系逐步科学合理,垂直细分更加深入;各省(区、市)重视程度持续提高,上报样本量大幅提升,避免了服务两极化、"僵尸"号搁置、发文量不足、联动效应弱、得分水平差距大等突出问题,整体平均分小幅提升,相邻排名单位得分较为接近,行业认可度提高;群众满意度稳步提升,节日专题策划、主动回复用户评论、引入直播等创新形式的意识提高,优化用户体验,服务效果有效提升。未来,公路出行信息服务效果评价领域的探索道路还有很长的路要走。

"2018公路交通路况服务电话服务效果排名"榜单(仅供参考)　　　　表5-4

| 排名 | 客服电话 | 管理单位 |
| --- | --- | --- |
| 1 | 12122 | 福建省高速公路集团有限公司 |
| 2 | 95022 | 行云数聚(北京)科技有限公司 |
| 3 | 12328 | 河南省交通运输厅通信中心 |
| 4 | 12328 | 贵州高速公路集团有限公司 |
| 5 | 96659 | 山东高速股份有限公司 |
| 6 | 96199 | 辽宁省高速公路运营管理有限责任公司 |
| 7 | 96969 | 甘肃省高速公路管理局 |
| 8 | 96528 | 湖南省高速公路路网运行监测指挥中心 |
| 9 | 12328 | 青海省路网运行监测与应急处置中心 |
| 10 | 96777 | 江苏高速公路联网营运管理有限公司 |
| 11 | 12122 | 陕西省高速公路收费中心 |
| 12 | 12328(96122) | 河北省高速公路管理局指挥调度中心 |
| 13 | 12122 | 吉林省高速公路管理局 |
| 14 | 96998 | 广东省交通集团有限公司高速公路监控(客服)中心 |

续上表

| 排名 | 客服电话 | 管理单位 |
|---|---|---|
| 15 | 96122 | 江西省高速公路联网管理中心 |
| 16 | 12122 | 山西省高速公路管理局 |
| 17 | 12122;96576 | 湖北省高速公路联网收费中心 |
| 18 | 12122 | 四川省交通运输厅高速公路监控结算中心 |
| 19 | 12122 | 上海市路政局路网监测中心 |
| 20 | 12122 | 内蒙古高速公路联网收费结算管理服务中心 |
| 21 | 12122 | 重庆高速公路集团有限公司路网管理中心 |
| 22 | 96333 | 广西壮族自治区高速公路联网收费管理中心 |
| 23 | 96369 | 黑龙江省高速公路管理局 |
| 24 | 12328—4 | 宁夏回族自治区公路管理局 |
| 25 | 96011 | 北京速通科技有限公司 |
| 26 | 4007554007 | 天津市高速公路联网收费管理中心 |
| 27 | 0571-88891122 | 浙江省高速公路不停车收费用户服务中心 |

"2018公路交通微博服务效果排名"榜单(仅供参考)  表5-5

| 排名 | 微博 | 管理单位 |
|---|---|---|
| 1 | 甘肃高速 | 甘肃省高速公路管理局 |
| 2 | 安徽高速 | 安徽省交通运输联网管理中心 |
| 3 | 山东高速出行服务 | 山东高速股份有限公司 |
| 4 | 江苏高速96777 | 江苏高速公路联网营运管理有限公司 |
| 5 | 江西交通 | 江西省交通运输厅应急指挥中心 |
| 6 | 江西交通12328 | 江西省高速公路联网管理中心 |
| 7 | 重庆交通 | 重庆市交通运行监测与应急调度中心 |
| 8 | 天津高速公路 | 天津市高速公路管理处 |
| 9 | 四川交通 | 四川省交通运输厅信息中心 |
| 10 | 辽宁高速通 | 辽宁省高速公路运营管理有限责任公司 |
| 11 | 重庆高速12122 | 重庆高速公路集团有限公司路网管理中心 |
| 12 | 吉林高速路况12122 | 吉林省高速公路管理局 |
| 13 | 辽宁公路 | 辽宁省公路管理局 |
| 14 | 湖南高速公路 | 湖南省高速公路建设开发总公司信息中心 |
| 15 | 江西高速 | 江西省高速公路投资集团有限公司 |
| 16 | 河北高速96122 | 河北省高速公路管理局指挥调度中心 |
| 17 | 吉林交通 | 吉林省交通运输厅宣传中心 |
| 18 | 江苏省交通运输厅微博 | 江苏省交通运输厅 |
| 19 | 天津路政 | 天津市公路处 |
| 20 | 浙江交通出行 | 浙江省交通运输厅信息中心 |

**"2018公路交通微信服务效果排名"榜单**(仅供参考)  表5-6

| 排名 | 微信公众号 | 管 理 单 位 |
|---|---|---|
| 1 | 广东高速通 | 广东省交通集团有限公司高速公路监控(客服)中心 |
| 2 | 中国路网 | 国道网(北京)交通科技有限公司 |
| 3 | 福建高速公路 | 福建省高速公路集团有限公司 |
| 4 | 甘肃交通12328 | 甘肃省交通科技通信中心 |
| 5 | 河北高速 | 河北省高速公路管理局指挥调度中心 |
| 6 | 湖南高速公路 | 湖南省高速公路建设开发总公司信息中心 |
| 7 | 甘肃高速96969 | 甘肃省高速公路管理局 |
| 8 | 辽宁高速通 | 辽宁省高速公路运营管理有限责任公司 |
| 9 | 陕西交通12122 | 陕西省高速公路收费中心 |
| 10 | 四川省交通运输厅 | 四川省交通运输厅信息中心 |
| 11 | 广东交通 | 广东省交通运输档案信息管理中心 |
| 12 | 宁夏路网 | 宁夏回族自治区路网监测与应急处置中心 |
| 13 | 江苏高速96777 | 江苏高速公路联网营运管理有限公司 |
| 14 | 青海路网 | 青海省路网运行监测与应急处置中心 |
| 15 | 重庆交通 | 重庆市交通运行监测与应急调度中心 |
| 16 | 山西高速公众服务平台 | 山西省高速公路信息监控中心 |
| 17 | 四川省交通运输厅高速公路管理局 | 四川省高速公路管理局(高速公路交通执法总队) |
| 18 | 江苏交通 | 江苏省交通运输厅 |
| 19 | 江西高速 | 江西省高速集团 |
| 20 | 山东高速出行信息 | 山东高速股份有限公司 |
| 21 | 齐鲁通行天下 | 齐鲁交通发展集团有限公司 |
| 22 | 青海交通 | 青海省交通运输厅 |
| 23 | 江西交通12328 | 江西省高速公路联网管理中心 |
| 24 | 内蒙古公路局 | 内蒙古自治区公路局 |
| 25 | 内蒙古交通运输厅 | 内蒙古自治区交通运输信息中心 |
| 26 | 新疆交通运输 | 新疆维吾尔自治区交通运输厅 |
| 27 | 安徽公路 | 安徽省公路局 |

**"2018公路交通客户端服务效果排名"榜单**(仅供参考)  表5-7

| 排名 | 移动客户端 | 管 理 单 位 |
|---|---|---|
| 1 | 齐鲁通 | 齐鲁交通发展集团有限公司 |
| 2 | 辽宁高速通 | 辽宁省高速公路运营管理有限责任公司 |
| 3 | 广东高速通 | 广东省交通集团有限公司高速公路监控(客服)中心 |
| 4 | 河北高速通 | 河北省高速公路管理局指挥调度中心 |
| 5 | 闽通宝 | 福建省高速公路集团有限公司 |
| 6 | 畅交通 | 江苏省交通运输厅 |

续上表

| 排名 | 移动客户端 | 管理单位 |
|---|---|---|
| 7 | 广东交通 | 广东省交通运输档案信息管理中心 |
| 8 | 湖南高速通 | 湖南省高速公路管理局 |
| 9 | 天津高速通 | 天津市高速公路管理处 |
| 10 | 黔通途 | 贵州黔通智联科技产业发展有限公司 |
| 11 | 陕西高速通 | 陕西省高速公路收费中心 |
| 12 | 乐行上海 | 上海市路政局 |
| 13 | 重庆交通 | 重庆市交通运行监测与应急调度中心 |
| 14 | 宁夏出行易 | 宁夏回族自治区路网监测与应急处置中心 |

"2018公路交通新媒体直播服务效果排名"榜单（仅供参考） 表5-8

| 排名 | 管理单位 |
|---|---|
| 1 | 云南省交通投资建设集团有限公司 |
| 2 | 甘肃省高速公路管理局 |
| 3 | 重庆市交通运行监测与应急调度中心 |
| 4 | 广东省交通集团有限公司高速公路监控（客服）中心 |
| 5 | 天津市高速公路管理处路网信息服务中心 |
| 6 | 青海省路网运行监测与应急处置中心 |
| 7 | 湖南省高速公路路网运行监测指挥中心 |
| 8 | 河南省高速公路联网管理中心 |
| 9 | 北京市道路路网管理与应急处置中心 |
| 10 | 山东高速股份有限公司 |

"2018 ETC'两微一端'服务效果排名"榜单（仅供参考） 表5-9

| 排名 | 微博 | 微信 | 移动客户端 | 管理单位 |
|---|---|---|---|---|
| 1 | — | 粤通卡 | 粤通卡 | 广东联合电子服务股份有限公司 |
| 2 | — | 中原通ETC | 车e兴 | 河南省视博电子股份有限公司 |
| 3 | — | 通行宝ETC | 通行宝 | 江苏通行宝智慧交通科技有限公司 |
| 4 | — | 高速ETC | 高速ETC | 山东高速集团有限公司电子收费中心 |
| 5 | — | 湖北e出行 | 湖北高速ETC | 湖北省高速公路联网收费中心 |
| 6 | — | 山西高速ETC | 山西ETC | 山西省交通信息通信公司不停车收费运营服务中心 |
| 7 | — | 浙江ETC | 浙江ETC | 浙江省高速公路不停车收费用户服务中心 |
| 8 | — | 河北高速 | 河北高速通 | 河北省高速公路管理局指挥调度中心 |
| 9 | 天津高速ETC | 天津高速ETC | — | 天津市高速公路联网收费管理中心 |
| 10 | — | 三秦通 | 三秦通 | 陕西高速公路电子收费有限公司 |
| 11 | — | 重庆高速ETC | — | 重庆通渝科技有限公司 |
| 12 | — | 湖南高速ETC | 湖南高速通 | 湖南省高速公路监控中心 |
| 13 | — | — | 乐速通 | 北京速通科技有限公司 |

续上表

| 排名 | 微博 | 微信 | 移动客户端 | 管理单位 |
|---|---|---|---|---|
| 14 | — | 蒙通卡 | 畅捷云 | 内蒙古畅捷高速公路联网收费结算有限公司 |
| 15 | — | — | 辽宁高速通 | 辽宁省高速公路运营管理有限责任公司 |
| 16 | — | — | 八桂行 | 广西捷通高速科技股份有限公司 |
| 17 | — | 吉林高速ETC | — | 吉通电子收费运营服务有限公司 |
| 18 | — | 黑龙江ETC | — | 黑龙江省ETC运营管理中心 |
| 19 | — | — | 闽通宝 | 福建省高速公路集团有限公司 |
| 20 | — | — | 黔通途 | 贵州黔通智联科技产业发展有限公司 |
| 21 | — | — | 赣通宝 | 江西省高速公路联网管理中心 |

"2018互联网路况信息(客户端)服务效果排名"榜单(仅供参考)　　表5-10

| 排名 | 移动客户端 | 开发单位 |
|---|---|---|
| 1 | 高德地图 | 阿里巴巴网络技术有限公司 |
| 2 | 百度地图 | 北京百度网讯科技有限公司 |
| 3 | 搜狗地图 | 北京搜狗科技发展有限公司 |
| 4 | 腾讯地图 | 深圳市腾讯计算机系统有限公司 |
| 5 | 凯立德导航 | 深圳市凯立德科技股份有限公司 |

## 五、公路出行信息服务现存问题

### (一)行业管理部门提供的出行信息服务与公众期望尚有较大差距

近几年,由行业管理部门提供的公路交通出行信息服务方式不断丰富,信息发布内容、数量和质量均有较大进步,公路交通出行信息服务水平明显提升。但相对百度、高德等互联网企业的出行信息服务,行业管理部门提供的出行信息服务依然存在使用率低、与公众期望差距大、服务效果尚不理想。

### (二)出行信息服务使用不便、出行信息准确性和及时性不高

出行信息服务使用不便主要指通过网站方式进行的服务。通过网站发布出行信息具有成本低、受众广、信息描述准确的优势,但驾驶人员在路途中使用会受到网络环境和硬件条件的限制,存在查询不方便的缺陷。

出行信息准确性和及时性不高是几乎所有政府信息服务共同存在的问题,其根本原因在于政府部门的运行机制、人员配置和工作内容等限制,导致信息更新和维护成本高。如:短信

服务主要通过人工维护录入的方式借助短信平台向系统内群发路网信息和免费向社会公众提供短信查询服务；微博、微信等新媒体方式，由于国家有关部门对网络信息发布的控制管理，目前只能依靠人工录入而无法利用系统自动发布。因此，要保证信息全面、准确、及时，就需要人工不断更新维护，信息维护成本较高。

### （三）传统媒体人力投入与服务质量难以平衡

对于传统媒体，如公路客服热线，因其是一种更加面向用户的、满足公众个性化服务需求的服务方式，受到了广大公众的欢迎，如江苏的96196、贵州的12328等热线电话。但这种服务方式存在运行和维护成本较高，培训客服人员耗时耗力，客服人员业务素质不同导致服务水平不一致的缺陷。

以目前江苏省96196和96777客服热线的运行情况为例来看，在节假日大流量和恶劣天气时，由于打电话咨询的用户量远远超过在线的客服人员，很多咨询电话无法接通，使得社会公众需求在最需要个性化服务的时段无法得到满足，影响了社会公众对客服热线服务满意度。而按照较大话务量聘用大量客服人员又势必造成在平时咨询量较小时段人力资源的浪费，如何在人力投入和服务质量之间取得平衡是一个难以解决的问题。

## 六、公路出行信息服务相关建议

### （一）提升公路出行信息服务能力和服务质量

准确把握新时代下的新形势、新要求，切实转变发展思路、方式和路径，优化结构、转换动能、补齐短板、提质增效，更好地满足多元、舒适、便捷等客运服务需求和经济、可靠、高效等货运服务目标，统筹推进供给侧结构性改革，推进行业转型升级，提升公路出行信息服务能力和服务质量。从满足每一个最普通的出行者基本需求的角度，具体来看，就是当公众有出行需要的时候，能够提供高品质、可信赖的公路信息服务选择；开车上路前，能够便捷查询到及时、准确的路况资讯、路径规划和分车型费率等权威信息；在途旅行过程中，可以安心、放心、舒心享受到星级公路配套服务设施提供的全方位优质服务，可以"一站式"获取因人而异、触手可及的各类旅游、餐饮、加油、住宿等丰富多彩的定制化信息服务；离开公路时，又可以轻松实现公路服务与目的地服务的无感过渡、无缝连接。

### （二）全力打造出行信息服务类金子品牌与全媒体发布平台

着眼"出行服务是大文章"，谋划出行服务大平台。发挥"互联网""大数据""云计算""人工智能"等新技术、新理念优势，加快推进公路出行服务设施及运行状态数据化，提升出行服务数据标准化程度，建立围绕公众公路出行服务的数据采集、处理、分发工作机制，融合外部资源,整合行业内部服务资源,打破省(区、市)际信息孤岛和相互独立"服务烟囱",构建部级出行服务数据中心,搭建面向公众出行服务及行业协作的一体化出行服务平台。全力打造"中国路网"和"中国交通广播"的金子品牌,按品质工程的标准提升品牌服务能力和服务水平,重点加大广播频率落地的范围。深入开展公路出行服务全媒体发布平台建设,面向公众多种渠道传播出行服务信息。建成良性可持续的出行服务生态,利用社会化出行服务平台用户优势,探索与社会化出行服务企业的数据合作模式,创新建立智慧、高效的自动化出行信息服务方式,拓展出行服务信息发布渠道,为出行者提供全方位、精准化、便捷式的出行服务。

### (三)快速推进聚焦用户需求的全网客户服务体系建设

在现有的行业服务水平发展阶段,为破解各地发展不平衡,各系统服务能力不统一,对以人为对象的服务效果不充分的难题,需要充分利用移动互联、LBS(Location Based Services,基于位置的服务)和大数据融合分析等技术,主动借鉴铁路、民航等其他交通方式精准化用户服务理念,引进电信、互联网等其他领域的先进用户服务经验,建议以人为本、以用户为单元的中国路网用户服务体系,做到有效整合行业内分散的用户服务能力,统筹全网线上线下用户服务资源。通过大数据融合行精确分析用户需求,为用户画像。随着"用户、客户、账户"三户服务运营模式的不断建立,让服务能力由弱变强、分散走向集中、由独占走向共享、由内部使用到面向外部开放。

# 第六章

# 传统媒体公路出行信息服务

传统媒体是相对于近几年兴起的网络媒体而言的,传统的大众传播方式,即通过某种机械装置定期向社会公众发布信息或提供教育娱乐平台的媒体,主要包括报刊、户外、通信、广播、电视等传统意义上的媒体。传统媒体有时间和空间的局限性。

传统媒体公路出行信息服务是以指广播、电视、车载终端以及交通服务热线等多种手段为终端,以路径规划、实时路况信息、占路施工信息、公路气象信息、事件预报预警信息、交通诱导信息等多种信息为内容的出行信息服务。

本章以交通广播、电视媒体以及公路客服/救援电话为载体的传统媒体公路出行信息服务进行介绍。

## 一、交通广播公路出行信息服务情况

### (一)中国交通广播出行信息服务情况

**1. 稳步推进中国交通广播建设进程**

中国交通广播是由交通运输部和中央人民广播电台[现已与原中央电视台(中国国际电视台)、原中国国际广播电台合并为中央广播电视总台]联合打造的国家级交通广播,在原有的中国高速公路交通广播基础上于2017年1月10日升级改造为中国交通广播。

2009年,交通运输部与中央人民广播电台签订《交通运输部、中央人民广播电台战略合作协议》,发挥各自优势共同创办国家级交通广播;2012年,中国高速公路交通广播(京津塘段)FM99.6正式开播;2014年,中国高速公路交通广播在京津冀湘区域正式开播,信号覆盖北京、天津、河北和湖南部分重点区域;2015年1月27日,中国高速公路交通广播湖南采编播中心试播启动;2017年1月13日,中国高速公路交通广播河北FM101.2正式开播,同年10月1日,首次开展了《交通会客厅》节目全国联播。

中国交通广播发展以来,不断扩大频率覆盖、创新频率推广、深化频率运营,取得了积极的进展。通过积极协调中央广播电视总台和湖北省公路局,加快推进中国交通广播湖北高速公路频率建设工作。2018年9月27日,"中央广播电视总台中国交通广播湖北高速公路频率合作协议"签约仪式在湖北省交通运输厅高速公路管理局举行,央广交通传媒有限责任公司与湖北省高管局签署共建合作协议,中国交通广播湖北高速公路FM94.8于2019年1月正式开播。

截至2018年10月,中国交通广播完成了京(FM99.6)、津(FM99.6)、河北全省(FM101.2)、湖南全省(FM90.5)三个大区域单频网的组网覆盖;完成了在上海(FM95.5)、浙江(FM87.5)、湖北(FM94.8)、山东(FM94.1)、河南(FM104.7)、内蒙古(FM100.9)、陕西(FM103.5)、甘肃(FM91.7)、宁夏(FM101.9)、青海(FM97.7)、新疆(FM91.7)、黑龙江(FM101.4)、山西(FM106.5)、雄安(FM98.8)等地区的频率规划批复,其中上海、武汉、呼和浩特、西安、太原、兰州、银川、哈尔滨等8个城市于2019年春运前发射播出。

中国交通广播按照"平时服务、突发应急"的原则进行建设,是国家应急广播体系的重要组成部分。中国交通广播积极围绕"进出城交通服务、高速公路路网出行服务和重大事件应急疏导"三大目标为广大驾乘人员提供更加精准、即时、专业的信息服务。中国交通广播建设以来,有效服务于交通运输部以及京津冀湘渝鄂等开播区域交通运输部门,在突发应急、公路出行服务、出行安全、节目体系、行业宣传、舆论引导、行业信息化、信息资源整合以及"互联网+"等方面发挥了重要作用。

2. 有效开展路况信息连线与突发应急服务

位于交通运输部广播直播间的每日常驻记者负责广播媒体的日常连线工作,主要通过2~3分钟的直播连线播报全国路况信息,每日需要连线12档,其中直播连线中国之声FM106.1早晚2档,中国交通广播每日各时段8档,中国气象频道每日2档。

自开播起,交通运输部路网中心和中国交通广播开展互动联系机制,同时试点突发事件紧急连线插播机制。2017年,交通运输部路网中心通过中国交通广播与央视完成直播150余次、与中国气象频道完成连线30余次,在中央人民广播电台中国之声等广播平台连线约4000档。

在2018年"2·11"京哈高速公路北京方向292公里处突发油罐车翻倒导致公路阻断、2017年"9·26"河南境内京港澳高速公路新乡段交通事故阻断、2016年"6·26"湖南郴州宜凤高速公路(33公里+900米处)车辆油箱漏油起火特大交通事故、2015年"5·10"贵州境内厦蓉高速公路1332公里(都匀北往贵阳、榕江方向匝道内)路段与兰海高速公路(黔南段)辖区多处山体塌方导致公路阻断以及地震等突发情况下,交通运输部路网中心通过中国交通广播进行紧急插播,交通广播记者第一时间赶赴现场了解情况,连线广播事故情况和绕行信息,并紧急连线插播进展情况。在这一模式下,在元旦、春节、清明节、劳动节和南方地区恶劣天气导致公路阻断等时期,交通运输部路网中心和中国交通广播紧密配合,及时将路况信息和出行提示第一时间发布,服务广大出行者,取得了良好的效果。

3. 积极创新联播节目发布出行信息服务公众

中国交通广播拥有多档交通类资讯节目,让听众了解交通前沿的发展动态。以《交通会客厅》为例,《交通会客厅》节目是以关注交通政策、感知交通行业变化、对话交通人为主要内容,结合新的宣传模式,融合交通运输部路网中心策划思路,开展的旨在搭起政企和百姓间的沟通桥梁、服务行业及公众出行的周播访谈类节目,目前以每周五播出的一小时访谈模式为主,为公众搭建获取交通信息的平台。

2017年9月30日,《交通会客厅》迎来特别节目。交通运输部路网中心联合中国交通广播以假期收费公路小客车免费通行保障的重要时刻为契机,贴近公众出行需求,基于交通运输部路网中心联合千方科技、高德软件有限公司发布的"十一"全国公路网出行预测报告,本着为交通出行服务的基本原则,特别策划京津冀湘四地联播的"你的十一不怕堵"专题节目。节目打破固有播出模式,在节假日前插档,并首次尝试采用联播形式,即在总时长一小时的节目框架下,安排以北京(FM99.6)为主场,在天津(FM99.6)、河北(FM101.2)、湖南(FM90.5)各设分场的四地联播模式,采用主持人问答、观众互动等丰富形式,进行各区域的路网运行情况介绍。交通运输部路网中心及时通过中国交通广播等媒体为公众提供出行信息服务的举措,为公众规划出行时间及路线提供了参考。

除此之外,交通运输部路网中心积极参与《交通会客厅》节目策划,2018年度与中国交通广播《交通会客厅》联合策划了"ETC电子发票营改增""冰冻雨雪路网保障""ETC通行费发票用户答疑""春运服务""公路国检""汶川地震十周年公路发展""'十一'路网运行研判"等主题专题节目,宣传公路路网运行保障、公路管理部门成绩和公路出行服务信息等。

4. 发挥"互联网+高速公路+广播"的联动作用

2016年"3·19"京港澳高速公路湖南段货车爆炸事件的应急处置中,中国交通广播湖南频率在第一时间转入应急广播状态,实时播报事故救援、交通管制和车辆分流等信息,全时段全直播进行信息发布和交通疏导,实时关注事件救援及抢修进展,整个直播超过21小时。在交通疏导方面,采编播中心按照"先近端后远端,先线路后路网"的疏导顺序,有序口播疏导信息,快速编辑交通疏导图,通过广播即时向广大驾乘人员发布,起到了非常好的疏导效果,充分发挥了突发应急"互联网+高速公路+广播"的联动作用。

2017年9月11日下午,交通运输部路网中心联合中国交通广播,组织行业专家分别赴中国交通广播《交通会客厅》栏目直播间和交通运输部全媒体出行服务信息发布平台开展"金砖会议期间厦门路网保障&重大会议背后交通保障揭秘"主题节目直播采访工作。在新媒体服务形式多元化背景下,首次打破固有收听方式,策划创新了全新模式的《交通会客厅》,组织记者兵分两路,采用主播坐镇直播间采访、连线记者走进交通运输部网易新闻同步视频直播等形式,多方式、宽领域宣传出行服务信息。

交通运输部路网中心相关专家应邀赴中国交通广播直播间参加《交通会客厅》直播采访节目,介绍交通运输部路网中心以及各相关省份公路交通部门在厦门金砖会晤期间区域路网运行服务保障中所做的主要工作,详细讲解厦门会晤保障的区域范围及保障工作的重点、难点,阐述交通运输路网中心联合中国气象局进行气象会商与公路交通气象预报等工作,回答听众关于交通管制措施、台风处置等问题,并就区域路网实时监测系统进行重要解析。同时,交通运输部路网中心与中国交通广播记者驻部顺利完成《交通会客厅》广播连线、网易新闻"探秘路网中心:出行堵不堵,这里都知道!"主题自媒体直播工作,并参与解说金砖会晤期间道路交通降雨影响预报图,直播围绕厦门会晤交通路网运行保障、交通气象、拥堵路段排名、福建周边典型路段监控视频等内容,采用自说自播的形式进行,吸引网络围观群众10万人以上。此次多媒体平台的节目宣传尝试,完善了厦门金砖会晤期间路网运行保障的总结评估及服务宣传工作,扩大了路网中心重大活动保障工作的社会影响力,发挥了新媒体直播与传统广播的联动作用,为拓宽出行信息发布方式,更好地推进公众出行信息服务奠定了良好的基础。

## (二)地方交通广播出行信息服务情况

地方交通广播建设稳步持续推进,各省(区、市)与广播媒体积极合作进行出行服务宣传,深度融合交通与媒体,更好地实现了出行信息服务的提质增效。几乎所有省份开展了省市两级交通广播,并取得了较好效果。与此同时,部分省份如吉林、江苏、陕西等继续广泛拓展省市两级交通广播运营工作,分别组织了十余项广播合作项目,深度融合交通与媒体,更好地实现了出行服务的提质增效。截至2018年底,共计30个省份开展了交通广播媒体合作132项(不完全统计),详见表6-1。在广播建设数量方面,相较于2017年,总量增长9%,而2017年相比2016年总量增长10%,数量持续增长,交通广播服务取得了较好的效果,近年来部分省份广播建设数量变化见图6-1。

公路出行信息服务广播建设情况(截至2018年底,不完全统计)　　　表6-1

| 省份 | 北京 | 天津 | 河北 | 山西 | 内蒙古 | 辽宁 |
|---|---|---|---|---|---|---|
| 数量 | 3 | 3 | 5 | 6 | 5 | 3 |
| 省份 | 吉林 | 黑龙江 | 上海 | 江苏 | 浙江 | 安徽 |
| 数量 | 17 | 1 | 1 | 17 | 2 | 11 |
| 省份 | 福建 | 江西 | 山东 | 河南 | 湖北 | 湖南 |
| 数量 | 1 | 2 | 6 | 1 | 4 | 2 |
| 省份 | 广东 | 广西 | 海南 | 重庆 | 四川 | 贵州 |
| 数量 | 3 | 6 | 2 | 2 | 1 | 2 |
| 省份 | 云南 | 陕西 | 甘肃 | 青海 | 宁夏 | 新疆 |
| 数量 | 1 | 12 | 3 | 5 | 2 | 3 |

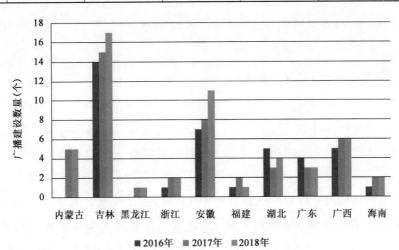

图6-1　2016—2018年部分省份交通广播建设数量情况

## 二、电视媒体公路出行信息服务情况

(一)国家级电视媒体公路出行信息服务情况

1.中央广播电视总台新闻频道出行信息服务情况

中央广播电视总台新闻频道(以下简称"央视")原为中央电视台新闻频道(频道呼号:CCTV-13新闻),是以播送整点新闻、现场直播、字幕新闻为主的电视频道,于2003年5月1日起试播,并于2003年7月1日起正式播出。

交通运输部路网中心主动联系央视在交通运输综合应急指挥中心进行直播连线方案策划,积极配合央视做好重大节假日、重大活动、重要时段和重特大突发事件期间的出行信息服务。

以春运时期为例,交通运输部路网中心结合建立的"一张图"GIS系统直观、迅速地通过央视发布出行信息,通过"一张图"精细化服务公众出行。结合春运期间公路网运行情况及气象影响,面对春运期间公路网车流量大的特点,交通运输部路网中心策划配合央视发布路网运行流量研判信息、拥堵收费站、拥堵服务区信息等路况相关信息;面对可能发生的恶劣天气影响,低温雨雪冰冻天气等有可能造成北方部分地区局部高速公路封闭,大雾天气下可能造成北方地区、川渝地区以及部分区域局部高速公路短时封闭的情况,交通运输部路网中心策划配合央视发布气象预报及受影响的高速公路路段信息,及时引导公众绕行等方案。

交通运输部路网中心与央视始终保持密切合作。在2017年,交通运输部路网中心与央视完成路况信息直播连线服务150余次;在2018年春运期间,交通运输部路网中心与央视新闻频道、中文国际频道、财经频道连线70余次。及时发布路况信息,引导公众合理规划出行路线。

2. 中国气象频道出行信息服务情况

中国气象频道是由中国气象局主办、中国气象局公共气象服务中心与各省级气象局共同承办的频道,于2006年5月18日正式开播。中国气象频道(China Weather TV)是一个全天候提供权威、实用、细分的各类气象信息和其他相关生活服务信息的专业化电视频道,以"防灾减灾、服务大众"为宗旨,提供精细化、专业化、实用性的气象信息服务和科普宣传。中国气象频道是承担国家公共气象服务职能的数字电视专业频道,是突发公共事件应急响应的预警防灾信息发布平台。2007年4月20日,中国气象频道进入中南海电视系统,并每天制作决策气象节目《中南海气象专报》,为中央领导和国务院相关机构提供气象防灾救灾决策参考。

交通运输部路网中心积极联系中国气象频道进行直播连线方案策划,在交通运输综合应急指挥中心积极配合中国气象频道做好重大节假日、重大活动、重要时段和重特大突发事件期间,尤其是恶劣天气等气象因素导致路网通行受到影响时期的出行信息服务。2017年,交通运输部路网中心联合中国气象频道完成路况信息直播连线700余次,在中国气象频道等视频媒体发布实时路况信息500余次,取得了良好的路况信息服务效果。

此外,交通运输部路网中心始终做好媒体服务工作,积极配合中国气象频道发布各类路况信息。为配合重大突发事件的信息发布和宣传报道工作,在应对"霸王级寒潮"、抗击多起台风,以及春节、清明节、劳动节等重大节假日期间,组织专家学者做客中国气象频道,参与出行专题节目的直播、录制工作,有效提醒公众根据预测及研判规律,合理安排时间规划出行,多方式、全方位、多角度服务人民群众便捷愉快出行。

## (二)地方电视媒体出行信息服务情况

地方交通运输管理部门与地方电视媒体积极合作进行出行信息服务宣传,半数以上的省份与地方电视媒体开展了合作,深度融合交通和媒体,服务公众便捷出行。

### 1. 地方电视媒体路况信息直播连线服务情况

半数以上省份通过地方电视媒体及时发布公路路况信息,建立了节假日、重大活动、突发事件等时期高效高质量的路况信息直播连线机制,更好地通过电视媒体增强了路况信息直播连线服务的效果。

以河北、内蒙古、辽宁、吉林、上海、福建、江西、山东、河南、广东、广西、贵州为例,这些省份与地方电视台开展路况信息播报机制。

河北省高速公路管理局指挥调度中心与河北电视台经济频道、河北卫视开展合作,采用不定时直播连线机制进行路况播报;内蒙古高等级公路建设开发有限责任公司每日发送交通播报稿件至内蒙古电视台《新闻天天看》栏目;辽宁省高速公路管理局监控指挥中心设有沈阳电视台新闻频道直播平台,每天早、晚发布全省高速公路出行服务信息;吉林省高速公路管理局联合吉林电视台公共频道第一播报、吉林电视台新闻中心、吉林新闻综合广播(电视台)等频道在节假日、计划性阻断发生前、突发性阻断发生时发布出行提示信息;上海市路政局通过上海 SMG 电视新闻中心在节假日、突发事件、灾害天气等状况下直播发布出行信息;福建省高速公路集团有限公司与福建电视台综合频道、新闻频道、东南卫视密切合作,节假日和突发事件时直播发布路况专题信息及出行内容;江西省交通运输厅应急指挥中心联合江西都市频道,在节假日、突发事件时期通过指挥大厅直播发布出行内容。此外,山东高速股份有限公司与山东卫视、齐鲁电视台、山东电视台生活频道开展合作机制,遇节假日、突发事件直播发布路况信息;河南省高速公路管理局积极联合河南省电视台新闻频道直播发布节假日、突发事件下公路出行服务信息;广东省交通集团有限公司高速公路监控(客服)中心监控大厅南侧搭建演播室,节假日期间电话连线地方电视媒体播报路况信息;广西壮族自治区高速公路管理局通过广西新闻频道《风云快车》栏目等发布全区高速公路因灾害天气、施工需要或交通事故等造成的阻断、改道、绕行等重要路况信息预告或通告;贵州高速公路集团路网中心与贵州电视台合作,在节假日和突发事件下直播发布出行信息。

### 2. 地方电视媒体出行信息服务类栏目访谈及策划情况

部分省份如浙江、安徽、广西、湖北、青海等,积极与地方电视媒体紧密联系,主动参与策划公路出行信息服务类栏目,并作为专家参与采访,发布公路出行服务信息,提高了公路交通管理部门媒体参与度,有效融合了交通与媒体,促进了公路出行信息服务效果提升。

浙江省公路管理局与浙江经视联合策划开展了"温暖回家路"微视频大赛、《花开最美路》

系列报道等;安徽省交通运输联网管理中心在节假日、遇突发事件接受安徽卫视《新闻联播》现场采访、《晚间播报》现场采访,安徽经济生活频道《第一时间》《帮女郎》等栏目现场采访,安徽公共频道《新闻午班车》《第一现场》《新闻第一线》现场采访,安徽科教频道《法治时空》现场采访;广西公路管理局联合广西电视台定期连线、定期访谈,定期发布节假日专题出行信息;湖北省高速公路应急处置服务中心、湖北交投实业发展有限公司联合湖北电视台策划参与《楚天经纬》《荆楚纵横》《唱响武汉·走进鄂西》栏目;青海省路网运行监测与应急处置中心积极参与青海电视台《百姓一时间》,在节假日、公路网运行特殊时段接受电视媒体采访。

## 三、公路客服/救援电话出行信息服务情况

公路客服/救援电话系统是各级交通运输部门、公路管理机构和高速公路经营单位为公众出行提供的"面对面"服务,也是较早开通及较完善的出行信息服务系统之一。

### (一)全国收费公路通行费增值税发票开具服务电话

目前,全国唯一承担收费公路通行费增值税发票开具相关业务的咨询与投诉的热线电话号码95022,已于2018年1月1日上线运行。该号码由行云数聚(北京)科技有限公司(简称"行云数聚")负责运营。行云数聚是经交通运输部批准,由交通运输部路网监测与应急处置中心与百年央企招商局集团二级公司招商局公路网络科技控股股份有限公司合资成立,主要负责建设运营收费公路通行费增值税电子发票服务平台系统,为全国道路业主、发行方和出行者提供服务。行云数聚汇集了交通、互联网、财税等行业专家,具有丰富的研发、运营、管理、财税、联网收费等知识经验,能够提供专业的业务咨询和技术解决方案,打造完善的服务体系、高水平的技术研发能力,助推智慧交通产业的发展。

行云数聚客户联络中心承接收费公路通行费增值税发票开具相关业务的咨询与投诉,对外服务号码为95022,现有座席25个、客服人员66名,自2018年1月1日起,已累计受理客户咨询超187万起(其中人工受理咨询55万起),接通率不低于95%,投诉回复率100%。95022客服电话服务内容列表共分6个按键,分别涉及开票流程、绑卡信息验证失败、开票须知、开票抬头设置须知、发票验真方式及发票抵扣期限,满足客户咨询需求。

### (二)地方公路出行客服/救援电话

截至2018年底,全国31个省(区、市)交通运输主管部门、公路管理机构和高速公路经营单位均开设有24小时客服电话热线,共计开通客服电话号码82个(含ETC服务电话,包括31个12328电话),详见表6-2。

各省(区、市)公路客服电话开通情况　　　　表 6-2

| 省份 | 12328 | 公路服务电话(含ETC) | | | | 合计 |
| --- | --- | --- | --- | --- | --- | --- |
| | | 12122 | | 96字头短号码 | 其他号码 | |
| | | 行政管理部门 | 高速公路企业 | | | |
| 北京 | ● | | | ●● | ●●●● | 7 |
| 天津 | ● | | | | ● | 2 |
| 河北 | ● | ● | | ● | | 3 |
| 山西 | ● | ● | | | ● | 3 |
| 内蒙古 | ● | ● | | ● | | 3 |
| 辽宁 | ● | | | | ● | 2 |
| 吉林 | ● | ● | | | ● | 3 |
| 黑龙江 | ● | | | ● | | 2 |
| 上海 | ● | ● | | | | 2 |
| 江苏 | ● | | | ●● | | 3 |
| 浙江 | ● | | ● | | ● | 3 |
| 安徽 | ● | ● | | ●● | | 4 |
| 福建 | ● | | ● | ● | ● | 4 |
| 江西 | ● | | | ● | | 2 |
| 山东 | ● | | | ●●●●● | ● | 7 |
| 河南 | ● | ● | | ● | | 3 |
| 湖北 | ● | | | ● | | 2 |
| 湖南 | ● | | | ● | | 2 |
| 广东 | ● | | | ●● | | 3 |
| 广西 | ● | ● | | ● | | 3 |
| 海南 | ● | | | | | 1 |
| 重庆 | ● | | ● | ●● | | 4 |
| 四川 | ● | ● | | | | 2 |
| 贵州 | ● | | | | | 1 |
| 云南 | ● | | | | | 1 |
| 西藏 | ● | | | | | 1 |
| 陕西 | ● | ● | | ● | ● | 4 |
| 甘肃 | ● | | | | | 1 |
| 青海 | ● | | | | ●● | 3 |
| 宁夏 | ● | | | | ● | 2 |
| 新疆 | ● | | | | | 1 |
| 合计 | 31 | 11 | 3 | 25 | 12 | 82 |
| | | 14 | | | | |

其中,按照特服号码分类(含12328),五位或六位特服号码70个,普通号码12个;按照号码资源分类,12328号码31个,12122特服号码14个,96字头号码25个,其他号码12个。在开通的12122号码中,开设在高速公路行政管理部门的号码11个,开设在高速公路企业的号码3个。各省(区、市)公路客服电话分类统计如表6-3所示。

各省(区、市)公路客服电话分类统计　　　　　　表6-3

| 项　　目 | | 开通数量(个) |
|---|---|---|
| 特　服　号 | 12328 | 31 |
| | 12122 | 14<br>(17个设在高速公路行政管理部门,3个设在高速公路企业) |
| | 96字头 | 25 |
| 长　号　码 | | 12 |
| 总　　计 | | 82 |

统计显示,12328交通运输服务监督电话已经实现全国各省(区、市)覆盖推广;部分省份的公路交通微信公众号与客户端开通了互动功能,对于路况、路线和出行等有关问题,后台工作人员及时通过语音或文字进行回复,与传统客服电话互为补充;部分省份实现12328与12122并线或合署接听,并由一个部门进行统一管理,满足了高速公路出行服务和救援需要,提升了对出行者服务能力和效果;部分省份机构重组,客服电话数量整体精简统一。

12122作为全国统一的高速公路救援电话号码,截至目前,共有河北、山西、内蒙古、吉林、上海、浙江、安徽、福建、河南、湖北、广西、重庆、四川、陕西14个省级交通运输部门、高速公路管理部门(企业)、路警联合办公机构设置了24小时12122高速公路客服/救援电话。同时,由于各省份设置12122电话实现了省(区、市)内跨地市、跨区域的高速公路救援和出行服务,与12328相比,更加符合高速公路出行的服务与救援特点,有效提升了对出行者的服务能力和效果。

# 第七章

## 新媒体公路出行信息服务

联合国教科文组织对"新媒体"下的定义为："以数字技术为基础,以网络为载体进行信息传播的媒介。""新媒体"的基础支撑是数字技术,同时还应该具有互动性与即时性、海量性与共享性、个性化与社群化、多媒体与超文本、网络化的特点。作为报刊、广播、电视等传统媒体之后发展起来的新的媒体形态,是利用数字技术、网络技术、移动技术,通过互联网、无线通信网、有线网络等渠道,以计算机、手机、数字电视机、Ipad 等设备为终端,向用户提供信息和娱乐的传播形态和媒体形态。相对于传统媒体,新媒体具有传播与更新速度快、成本低、信息量大、内容丰富、低成本全球传播、检索便捷、多媒体传播、超文本、互动性强等优势。

基于此,我们可以把"新媒体公路出行信息服务"定义为公路交通管理部门、公路交通管理机构和从事出行信息服务的工作人员进行与其工作相关并宣传传播、提供公路出行信息服务、与公众交流和网络互动的新媒体平台。随着数字技术的高速发展,一些区别于传统媒体的新兴媒体将不断涌现,彼时新媒体公路出行信息服务的外延也必将不断扩大。

本书以公路出行信息服务类网站以及以公路出行信息服务类微博、公路出行信息服务类微信、公路出行信息服务类客户端为代表的"两微一端"为载体的新媒体公路出行信息服务进行介绍。

## 一、公路出行信息服务网站服务情况

以公路交通出行信息服务网站为依托,部、省各级交通运输主管部门向公众提供了多种内容的信息服务,包括公路地图、公路路线及沿线设施、交通阻断、影响通行的计划性施工情况、交通气象、出行规划以及政策与宣传、咨询与投诉等。

### (一)"中国路网"公路出行信息服务网站服务情况

以"中国路网"为代表的部级层面公路出行信息服务网站,拥有最新全国干线公路网电子地图,提供实时公路路况、通阻信息、公路气象等服务,可查询各省(区、市)服务电话和公路相关基础数据等信息,同时可以根据实时路况规划合理的出行路线,发布公路交通重大气象预警。"中国路网"网站系统实行项目改造与升级后,各项服务内容逐步完善,设立"公路气象预报""节假日出行研判""通知公告""专题"等话题及板块:每天定期发布 1 条公路气象预报,并同步发布于交通运输部官方网站"公路出行"板块;不定期发布通知公告;节假日前及时发布节假日出行研判信息;重大节假日、重大活动、重要时段和重特大突发事件时期,发布视频类节目专题,服务公众及时了解出行信息,取得了良好的服务效果。

### (二)各省级公路出行信息服务网站服务情况

截至 2018 年底,全国 31 个省(区、市)交通运输主管部门均已开通了公路出行信息服务网站(网页),所有省级交通运输部门政务网站都建有出行服务网页或路况信息栏目,部分网站还提供了专业出行信息服务网站链接。在提供方式上,部分省份按照需求层面不同,开通了省级出行信息服务网站和公路出行信息服务网站,根据业务细分,还专门建设有ETC服务网站、公路气象网站和服务区查询网站。

与2017年相比,受体制改革、机构重组的影响,专业公路出行服务和ETC服务网站较上一年有所减少。在专业服务方面,全部省份专门建设有高速公路出行服务网站,为高速公路行车提供全方位信息服务,设置实时路况信息、路线规划、电子地图查询等功能,特别是部分省份设置了高速公路服务区服务信息、收费站收费信息查询功能,为出行者提供完善的信息服务;大多数省份建有专业ETC客户服务网站或网页,为高速公路行车提供全方位信息服务和ETC网上受理、费用查询、出行统计等功能;陕西、青海、宁夏建有公路交通气象服务网站,提供省(区、市)域内公路交通专业气象服务和出行提示。

各省根据自身条件不断丰富公路交通出行信息服务内容。如江苏省增加了实时路况(高速公路、国省干线)、高速公路实景、客运票务以及船闸运行、航班动态、列车晚点、旅游交通等动态的、跨交通方式的综合交通出行信息,如表7-1所示;四川省增加了通行费率查询、ETC通行等收费信息;贵州省增加了客运联网售票、报警救援、旅游景点介绍、地方名优推介等出行信息服务,信息服务内容日益丰富。

**江苏省公路交通出行信息服务网站内容** 表7-1

| 编号 | 信息服务内容 | 简 介 |
| --- | --- | --- |
| 1 | 电子地图 | 提供15级比例尺的江苏省电子地图 |
| 2 | 交通设施查询 | 提供客运站、火车站、机场、港区、船闸、跨江大桥、长江汽渡、公路枢纽、隧道、收费站、服务区、加油站、停车场、汽修站、售票处、检测站、驾校和水上服务区等交通设施相关信息的查询 |
| 3 | 线路查询 | 提供自驾、公交、地图、汽车客运、火车、公路和航空,一共7类交通线路的查询 |
| 4 | 实时路况 | 提供江苏省高速公路和国省干道的道路畅通情况、路网事件和养护施工信息。另外,提供南京和苏州两市的城市道路畅通情况、交通事件和管制施工信息 |
| 5 | 高速公路实景影像 | 提供江苏省境内的G2(京沪高速公路)、G25(长深高速公路)和G42(沪蓉高速公路)道路及沿线服务区的实景影像浏览 |
| 6 | 交通气象 | 提供江苏省高速公路路段和13个地市的气象信息 |
| 7 | 规范标准 | 提供公路通行费、船舶港务费、船检港监费和船舶过闸费等的征收标准 |
| 8 | 客运票务查询 | 提供南京、苏州两市的汽车客运票务查询 |
| 9 | 船闸运行情况 | 提供全省内河船闸前一天通过船只的统计信息,当天的待闸船只统计及预计调度放行信息 |
| 10 | 苏北运河水位 | 提供内河船闸上下行的水位情况,每天上午7点和下午7点各公布一次 |
| 11 | 航行公告 | 提供省内航道的施工断航和事故处理等影响水上通行的公告信息 |
| 12 | 机场信息 | 提供机场的基本信息,包括机场基本信息、机场图片、机场大巴时刻表、周边公交、邻近城市客运专线等 |

续上表

| 编号 | 信息服务内容 | 简　　介 |
|---|---|---|
| 13 | 航班动态 | 提供机场当日进出港航班的起降动态信息 |
| 14 | 航班时刻表 | 提供机场航班信息的查询 |
| 15 | 火车时刻表 | 提供省内各火车站发出列车时刻查询 |
| 16 | 列车晚点信息 | 提供省内各火车站当日停靠列车的正晚点信息 |
| 17 | 旅游交通 | 提供江苏省主要旅游景点、热门旅游线路介绍,及交通配套信息 |
| 18 | 长三角出行 | 提供上海、浙江和安徽交通服务网站的链接 |
| 19 | 出行订阅 | 订阅信息类别包括城市路况、城际路况、长江汽渡和水路信息。订阅信息接受方式可选择手机短信和 E-mail |
| 20 | 出行咨询 | 提供社会公众对江苏省交通服务工作中的有关法规、政策、程序等方面的咨询 |

## 二、公路出行信息服务类"两微一端"服务情况

### (一)"中国路网"平台出行信息服务情况

1."中国路网"微博、微信平台建设历程

2015 年起,"交通运输部路网中心"(现已更名为"中国路网")新浪微博开始建设运行,作为交通运输部路网中心的政务微博平台,结合交通运输部路网中心路网监测、应急处置、出行服务等工作职责,主要功能包括定期发布各类路况信息、公路气象预报以及不定期更新重大突发事件、节假日出行、公路气象预警、出行提示、交通新闻等信息内容,旨在多方式发布出行信息、服务公众便捷出行。

2016 年 9 月 28 日,"中国路网"微信公众号正式上线试运行,作为全国公路出行权威信息平台,秉承"让路网运行更安全畅通、让公众出行更便捷愉快"的宗旨,面向社会公众提供实时路况查询、出行规划、公路气象、ETC 服务等全方位、一站式公路出行服务。"中国路网"作为交通运输部路网中心出行服务体系的一部分,一经上线,行业内各相关单位及媒体就对它给予了很大关注,纷纷转发公众号的文章及数据。2016 年 10 月 13 日,四川省人民新闻办公室官方微信号转发"中国路网"微信公众号发布的"全国联网 29 省市 ETC 通行费优惠政策一览表"文章内容,获得了近 28 万的阅读量,文章转发产生的放大效应使"中国路网"微信公众号的知名度与影响力迅速扩大。

"中国路网"微信公众号的推广趋势良好,公众从"中国路网"获取信息的意愿比较强烈,内容的权威性已慢慢树立;ETC 相关政策数据及国家级路网运营状况分析及研判等交通运输

部路网中心的核心业务内容受到的关注率更高，与其他内容类型的文章相比优势明显；"中国路网"品牌上线后，已经陆续将全国多省市的出行信息服务平台纳入公众号出行信息服务平台体系，各省级平台纷纷转发"中国路网"的文章内容，并结合自身服务特点对其内容加以解读分析，初步形成了全国出行信息服务在微信端的省级信息联动。

随着"中国路网"品牌建设初见成效，交通运输部路网中心将"交通运输部路网中心"微博更名为"中国路网"，打造"中国路网"出行信息服务品牌，初步构建了出行信息新媒体服务矩阵。

2. 公路出行信息服务客户端"尚高速""票根"建设与使用说明

"尚高速"客户端是交通运输部路网中心与河北交通投资集团联合打造的一款高速公路出行信息服务软件，2016年底该应用首次上线应用并逐步改版完善。目前该应用提供了查询路况信息、服务电话、交通标志、周边经典、出行路线、新闻事件等功能，为用户提供了高速公路上的各种出行信息，为出行带来了极大的便利。

"票根"客户端是交通运输部路网中心下属控股二级企业行云数聚（北京）科技有限公司打造的一款专业的全国收费公路通行费电子发票服务平台，于2018年1月1日上线并投入使用。结合互联网+税务形式，平台专注于为用户提供轻松快捷开具通行费发票、批量开票、管理ETC卡、在线充值等功能，包含详细的业务指南，是为收费公路出行用户设计的一款便捷、可靠、专业的互联网电子发票平台。

2018年以来，交通运输部路网中心通过"尚高速""票根"等出行信息服务类客户端实时提供线上路况查询、车主服务、电子发票服务等功能，启动日活跃用户数量2.2万次，累计下载量超过350万、信息累计查询量1亿余次，取得了良好的服务效果。

"尚高速"客户端的使用方法比较简单，如图7-1所示。在"尚高速"客户端"车服务"界面，可以通过"附近收费站""附近服务区""用户资料""ETC""高速路况""云闪付""电子发票""违章查询"等板块，查看出行相关的详细信息，在"推荐"栏目可以查看近期公路出行热点新闻、路况信息等；在"上高速"界面，可以查看路况详细信息，包含路况信息、高速公路救援、景点、服务区、收费站、公路气象等；在"车生活"界面，提供了"车管家""自驾游""车友会"等服务板块，并且提供"热点新闻""路况播报""汽车资讯""旅游推荐"等相关出行信息服务的文章，其中"路况播报"专栏的内容为中国路网直播间全国路况播报内容的导入。

"票根"客户端主要用于开具高速公路ETC通行费，如图7-2所示。在"票根"客户端"首页"界面，用户可以通过"我的ETC""发票抬头""我要开票""我的发票""车主金融""绑不上卡？""预设抬头""重要通知"等板块，查看收费公路通行费发票开具相关的详细信息，在"活动咨询"栏目可以查看近期收费公路通行费开具的重要通知、ETC相关热点话题等内容；"消息"界面和"我"界面需要用户登录个人信息方可进行查看；在"客服"界面，可以通过"发票开具""换票红冲""政策及其他"等板块咨询开票各阶段面临的各类问题，并设置"注册""绑卡""开票""推送""换票"等关键词便于用户咨询使用，同时提供了"发票秘籍""票根使用帮助"等板块便于用户掌握开票方法，并建立"在线客服""反馈建议"板块收集用户反馈和疑问，帮助用户解决问题。

| 公路出行服务概论 |

a)"车服务"界面　　　　b)"上高速"界面　　　　c)"车生活"界面

图 7-1　"尚高速"客户端截图

a)"首页"界面　　　　b)"客服"界面

图 7-2　"票根"客户端截图

## 3. 逐步建立边界清晰、上下贯通、左右衔接的融媒体出行信息服务生态圈

按照交通运输部路网中心"四个一"工程中"一个终端"的建设要求,"中国路网"政务微博与"中国路网"微信公众号(图7-3、图7-4)逐渐成为交通运输部路网中心服务民生的展示窗口和重要宣传平台。重大突发事件及节假日期间,交通运输部路网中心通过"中国路网"政务微博、"中国路网"微信公众号、网易视频直播、今日头条、一点资讯等平台主动发声,积极拓宽新媒体信息发布渠道,初步建立了边界清晰、上下贯通、左右衔接的融媒体出行信息服务生态圈,不断丰富"中国路网"品牌价值。

图7-3 "中国路网"微信公众服务板块

图7-4 "中国路网"微信出行头条板块

截至2017年底,交通运输部路网中心利用"中国路网"微博发布路况信息700余条,借助"中国路网"微信平台推送交通资讯1000余条,核心关注人数约10万,直接阅读人数近百万次,取得了良好的传播效果。2018年以来,交通运输部路网中心通过政务微博、微信、网站等发布信息2万余条,累计关注人数突破30万人、总阅读量数亿余次,为出行者提供了及时有效的出行信息服务。

## 4. 积极建立《中国路网直播间》开展各类路况信息专题直播活动

2018年初,交通运输部路网中心打造《中国路网直播间》,积极探索建立常态化视频直播节目采编播机制,提前策划、科学工作、分类处置,针对"十一黄金周""五一小长假"等重要节假日播报提前准备脚本,针对四川茂县地质灾害、九寨沟地震、河北张石高速公路重大交通事故等突发应急处置,按事件类型制定分类采编播预案,保障各类事件通过"两微一端"等多种途径顺利播出,及时发布路况信息,应对热点舆论,服务公众出行。

2018年4月4~7日，交通运输部路网中心开展清明假期专题路况直播活动，"中国路网"直播间首次在交通运输综合应急指挥中心进行了4次共计8小时的路况直播，此次直播主要通过"央视新闻+"客户端、央视新闻移动网平台、央视新闻今日头条、"中国路网"微信公众号直播间等平台，介绍假日全国路网运行情况，同时积极进行部省联动，与北京、天津、河南、湖南、广州、云南、甘肃等七省市现场连线，通过每天2小时的路况直播，带领观众了解清明节期间的实时路况、公路气象、出行提示等信息。同时，交通运输部路网中心还派出工作人员带来南北向进、出京主要通道京港澳高速公路杜家坎收费站出行情况的现场报道。直播期间，"中国路网"直播间的记者采访了路网中心值班长，向大家介绍了返程高峰时段的路网运行情况，提醒大家错峰、错时出行。此次清明假期直播活动是交通运输部路网中心创新出行信息服务模式、丰富"中国路网"品牌的有益尝试，网络收看量达300余万，取得了很好的服务效果。

目前，"中国路网"直播间已正式入住"央视新闻+"直播平台，并与央视新闻新媒体矩阵建立联动机制，实现视频直播资源互推共享，形成了以路网出行服务类信息为主要内容、每周定期播出的常态化直播品牌《中国路网直播间》，进一步丰富"中国路网"服务公众出行信息的形式和功能。

5.搭建以"'两微一端'+新媒体直播+出行头条"为主体的"中国路网"出行信息新媒体服务矩阵

"中国路网"品牌建设再上新台阶，积极搭建以"'两微一端'+新媒体直播+出行头条"为主体的"中国路网"出行信息新媒体服务矩阵，开展公路出行信息发布工作。

"中国路网"直播间建立以来，通过"央视新闻""中国路网直播间"等新媒体直播平台发布"中国路网全国路况播报"等直播节目110余条，累计观看人数约8000万，针对汛期涉路突发事件较多的情况及汛期、台风多发时期路网运行特点，交通运输路网中心主动研判、积极准备，第一时间通过直播形式发布最新路况信息。特别是公众出行热度较高的清明节期间，"中国路网"直播间通过央视新闻客户端，联合央视新闻移动网、百度百家号、今日头条、一直播、中国路网微信小程序等各直播媒体，以视频连线的方式介绍假日期间的公路网运行情况，触达及观看人数累计约1112.83万人，在央视新闻当日全平台观看量排名第五。

此外，通过"出行头条"整合中国公路出行信息服务联盟各成员公共服务能力，各类新媒体渠道累计可触达用户8700万。政务新媒体的广泛使用，极大程度地加强了交通运输部路网中心出行信息服务内容的传播，提高了服务公众出行的能力和效果。

## （二）各省级"两微一端"平台出行信息服务情况

地方的公路交通出行信息服务积极与新媒体时代融合、强化社会化合作，在继续完善交通广播、电视、热线电话等传统发布渠道的同时，紧随移动互联网、智能终端、微信应用的快速发展步伐，采用微博、微信公众号、移动客户端、服务区触摸屏等新媒体手段为公众提供更为快速、准确、个性、便捷的服务。各省级交通运输部门和公路经营管理单位高度重视通过新媒体平台开展公路出行信息服务，"两微一端"信息发布成为主力，信息发布内容得到显著提升。其中,公路出行信息服务类微博、微信、客户端等提供的出行信息服务更加及时、专业、有针对性。截至 2017 年底,共有 28 个省份开通具备公路出行信息服务功能的微博 97 个(其中新浪平台微博数量 87 个);共有 30 个省份开通具备公路出行信息服务功能(含 ETC 业务)的微信公众号 234 个;全国 29 个省份开通具备公路出行信息服务功能的移动客户端 79 个。

2018 年,各省级交通运输部门和公路经营管理单位积极开展"两微一端"公路出行信息服务,但受体制机制改革及机构合并等因素的影响,"两微一端"系统平台数量均较上一年末有所减少。截至 2018 年底,共有 28 个省份开通具备公路出行信息服务功能的新浪微博 71 个;共有 31 个省份开通具备公路出行信息服务功能(含 ETC 业务)的微信公众号 134 个;全国 26 个省份开通具备公路出行信息服务功能的移动客户端 46 个。2015—2018 年各省级公路出行信息服务类"两微一端"平台项目数量总体变化情况详见图 7-5。

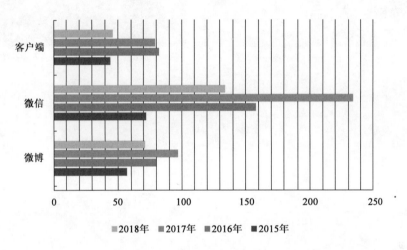

图 7-5　2015—2018 年各省级公路出行信息服务类"两微一端"平台历年项目数量

在信息发布方面,各省级公路出行信息服务类微博依然承担了路况信息发布的主渠道作用,统计显示,主要以在新浪平台开通的政务微博为主。在日常情况下,整点和早晚高峰固定时间发布路网运行情况;突发事件情况下,及时发布事故信息、绕行路线和恢复情况;结合节假日和气象、地质灾害,发布的提示性和预警性信息更加有效、有针对性。

部分省份开通的出行信息服务类微信公众号除日常信息发布外,还提供点对点查询功能,服务更有针对性,信息和内容更加全面。其中,部分微信公众号开通了互动功能,沟通更加方便。同时,针对 ETC 服务开通的微信公众号,服务性更强,其中提供的实时账单查询和缴费充值功能为广大出行者和 ETC 用户所欢迎。从各省份开通的出行信息服务类微信公众号具备的功能进行统计分析,微信公众号提供的服务功能已经涵盖原部分省份手机 WAP 网站和移动客户端的部分功能。

部分省份开通了出行信息服务类客户端,具备路况导航、地图服务、出行咨询、公路气象等服务,方便了用户的操作和使用,如贵州的"黔通途"、江苏的"e 行江苏"等,如图 7-6、图 7-7 所示。

图7-6　贵州"黔通途"客户端界面截图　　图7-7　江苏"e行江苏"客户端界面截图

# 第八章
## 公路沿线基础设施出行服务

| 公路出行服务概论 |

本章所讲述的出行服务为以服务区、加油站、收费站等沿线基础设施为服务依托的各类出行服务。本章将重点围绕以公路服务区为代表的沿线基础设施出行服务和以高速公路电子不停车收费系统为依托的车道等沿线基础设施出行服务为基础,总结两类服务的发展情况,梳理现存问题,了解发展完善需求,形成相关措施建议,以推动公路沿线基础设施出行服务更好发展。

# 一、公路服务区出行服务

## (一)高速公路服务区服务情况

截至 2018 年底,全国共建设高速公路服务区 3000 余对。

自 2014 年全国高速公路服务区文明服务创建工作开展以来,在交通运输部公路局牵头组织、中国公路学会配合下,不断完善全国高速公路服务区服务质量等级评定办法和计分标准。为全面提升全国高速公路服务区服务质量,满足公众安全便捷出行需求,按照《交通运输部办公厅关于开展 2017 年全国高速公路服务区服务质量等级评定工作的通知》,交通运输部公路局会同中国公路学会及各省(区、市)交通运输厅(委)组织有关单位及专家,于 2017 年 4 月对本辖区全国运营一年以上的高速公路服务区和停车区的服务质量进行了考核评定,对各地推荐的全国百佳示范服务区进行了现场考核。

各地交通运输主管部门、高速公路管理机构和高速公路服务区经营管理单位,结合本地区实际,大力开展高速公路服务区文明服务创建,着力提升高速公路服务区服务质量。

### 1. 全国高速公路服务区文明服务创建工作稳步推进

全国百佳示范和优秀服务区的检查考核,对于我国高速公路服务区文明服务创建工作,是一次大练兵与大检阅。在认真学习贯彻党的十九大精神,努力实现"交通强国"目标的背景下,有效地发挥了示范引领作用,带动了全国高速公路服务区提质升级,为更好地服务公众出行发挥了积极作用。大部分服务区工作人员文明服务意识得到极大提升,综合素质显著增强,餐饮、便利店等营业场所均能做到"来有迎声、去有送声",充分展现了交通运输行业良好形象,文明服务创建工作稳步推进。

根据 2017 年考核结果,北京窦店服务区等 100 对服务区获全国百佳示范服务区标识,河北香河服务区等 400 对服务区获优秀服务区标识,另有达标服务区 1585 对,达标停车区 309 对,如表 8-1 所示。

高速公路百佳服务区列表　　　　　表 8-1

| 省　份 | 高速公路服务区数量<br>(对) | 2017 年百佳示范服务区数量<br>(对) | 2017 年百佳示范服务区名称 |
|---|---|---|---|
| 北京 | 11 | 1 | 窦店服务区 |
| 天津 | 31 | 1 | 温泉城服务区 |

续上表

| 省　份 | 高速公路服务区数量（对） | 2017年百佳示范服务区数量（对） | 2017年百佳示范服务区名称 |
|---|---|---|---|
| 河北 | 173 | 6 | 邢台服务区、涿州服务区、野三坡服务区、徐水服务区、衡水湖服务区、石家庄东服务区 |
| 山西 | 116 | 3 | 河津服务区、垣曲服务区、平遥服务区 |
| 内蒙古 | 117 | 2 | 哈素海服务区、兴和服务区 |
| 辽宁 | 67 | 5 | 甘泉服务区、凤城服务区、云峰山服务区、三十里堡服务区、西海服务区 |
| 吉林 | 60 | 2 | 东海服务区、松原服务区 |
| 黑龙江 | 80 | 3 | 得莫利服务区、扎龙服务区、安达服务区 |
| 上海 | 15 | 1 | 枫泾服务区 |
| 江苏 | 103 | 5 | 仪征服务区、六洞服务区、堰桥服务区、苏通大桥服务区、阳澄湖服务区 |
| 浙江 | 73 | 5 | 南岸服务区、北岸服务区、长安服务区、常山服务区、桐庐服务区 |
| 安徽 | 107 | 5 | 龙门寺服务区、香铺服务区、九华山服务区、新桥服务区、福山服务区 |
| 福建 | 110 | 5 | 青云山服务区、赤港服务区、朴里服务区、武夷山服务区、古田服务区 |
| 江西 | 106 | 5 | 庐山服务区、庐山西海服务区、军山湖服务区、泰和东服务区、吉安服务区 |
| 山东 | 109 | 4 | 济南服务区、德州服务区、诸城服务区、沂源服务区 |
| 河南 | 154 | 6 | 鹤壁服务区、周口东服务区、安阳服务区、灵宝服务区、平顶山服务区、镇平服务区 |
| 湖北 | 133 | 3 | 潜江服务区、恩施服务区、天门服务区 |
| 湖南 | 132.5 | 4 | 长沙服务区、湘潭服务区、花垣服务区、珠山服务区 |
| 广东 | 158 | 4 | 顺德服务区、珠玑巷服务区、雅瑶服务区、葵洞服务区 |
| 广西 | 225 | 3 | 百色服务区、东山服务区、崇左服务区 |
| 海南 | 6 | 0 | 无 |
| 重庆 | 61 | 3 | 大路服务区、武隆服务区、冷水服务区 |
| 四川 | 123 | 5 | 金堂服务区、泸州西服务区、淮口服务区、蒲江服务区、夹江天福服务区 |

续上表

| 省　份 | 高速公路服务区数量（对） | 2017年百佳示范服务区数量（对） | 2017年百佳示范服务区名称 |
|---|---|---|---|
| 贵州 | 95 | 5 | 仁怀服务区、久长服务区、铜仁服务区、向阳服务区、金银山服务区 |
| 云南 | 暂无数据 | 4 | 墨江服务区、双廊服务区、潞江坝服务区、母鸡山服务区 |
| 西藏 | 暂无数据 | 0 | 无 |
| 陕西 | 100 | 4 | 秦岭服务区、耀州服务区、天竺山服务区、安康西服务区 |
| 甘肃 | 52 | 2 | 武威服务区、礼县服务区 |
| 青海 | 7.5 | 1 | 马场垣服务区 |
| 宁夏 | 20 | 1 | 滨河服务区 |
| 新疆 | 62 | 2 | 库车服务区、愉群翁服务区 |

2. 示范服务区持续引领服务区服务标准

自2015年起，交通运输部首次组织服务区服务质量等级评定工作，评选出的全国示范服务区对全国高速公路提升整体形象和服务水平标准起到了明显的示范引领作用。随着近年来百佳示范服务区的评定，越来越多的服务区在硬件建设上有了大幅度改善，部分优秀服务区、达标服务区也均配置了第三卫生间、冬季温水洗手、剩余停车位提示系统、充电站和加气站、免费Wi-Fi等百佳示范服务区所必须配置的服务设施，部分优秀、达标服务区的服务水平和环境卫生也达到了百佳示范（优秀）服务区的要求，各类服务区的房建、消防、卫生间、走廊、污水处理等建设标准得到了有效提升。

同时，在服务区建设中还注重融入"互联网＋"元素，如"智慧支付""智慧销售""智能环保"等，有效提升了服务区智能化服务水平。可以看出，百佳服务区对全国高速公路服务区的整体水平提升起到了重要的作用，示范服务区的评定工作切实起到了"比学赶超、全面提升"的效果。

3. "以人为本"推进服务区服务理念转型升级

各地高速公路服务区设施设备和服务水平都更具人性化，体现"以人为本"的服务理念。在服务区功能建设的细微之处体现出人性化，比起传统的追求最大利用率、最经济的建筑设计，"以人为本"的服务区更有助于提升使用者的观赏度与使用感受。

各地紧扣停车、如厕、餐饮等社会公众最关心、最迫切的"难点""热点"和"痛点"问题，从小处着眼，从细处入手，健全完善服务标准，大力推进标准化作业、精细化服务，着力为公众提供贴心、暖心、温馨、舒适的人性化服务。河北省香河服务区（位于京哈高速公路K48公里处）设置了专门的驾驶员休息室，为母婴室配置了感应垃圾桶；辽宁省西海服务区（位于沈海高速公路）等还充分利用现有场地条件，设置了大容量的应急卫生间，专供在重大节假日等客流高峰时段启用，彻底解决公众如厕难的问题，同时设有女士停车位和残疾人停车位，为有需要的群众提供更加人性化的服务；安徽省新桥服务区（位于合六叶高速公路，距合肥新桥机场约

10公里)利用地理位置优势,积极延伸服务,设置了国内首个服务区候机楼,为候机人员及途经的驾乘人员提供了乘机服务;重庆市武隆服务区(位于渝湘高速公路)针对自驾群体推出自驾游服务中心,解决自驾车友的困难,拓展服务区的服务功能与品质,同时重庆大路服务区(位于G93成渝环线高速公路)引进无人餐厅,送餐机器人会唱歌跳舞,给高速公路出行带来了温暖。

在"以人为本"的服务思路下,咨询服务台、剩余车位提示装置、危化品车辆专用停车位、女性专用停车位、第三卫生间、母婴喂养室、户外简易休息设施、免费无线上网、冬季温水洗手等便民服务措施得到大力推广。遵循"以人为本"的观念,就是坚持把"用户需求"置于服务区规划设计的核心地位,把不断满足日益增长的出行人员需求作为长期目标,推进服务区服务理念转型升级。

4. 用户体验推动服务区服务内容不断向精细化迈进

为积极探索创新管理手段,不断提升服务区服务质量,满足广大出行者日益丰富的出行需求,各地高速公路服务区在持续完善原有服务内容的基础上,更加注重服务品质的提升,从精细化入手展现出诸多亮点。

在餐饮方面,除引进国内外知名品牌外,还推广了一批行业知名品牌以及品种丰富的地方特色小吃。河北省涿州服务区(位于京港澳高速公路)等创新经营,首次引进了进口商品(跨境电商)直营店,为社会公众提供购买进口商品的便利;河南省鹤壁服务区(京港澳高速公路东)设置的美食广场特色小吃品种丰富,价格合理,口味较好。

在公共场区方面,服务区在协调发展的要求下,注重与当地的环境、自然、民俗、文化相结合的发展模式,注重位于特色风景区路线上的关键服务区,促进周边经济的协调发展,让历史文化与使用功能相互衬托、相互照应,通过现代化功能设施的外包装反映当地民俗风情。如服务区在建设过程中,污水分类处理排放、节能减排的景观设计、可回收材料制作的垃圾桶等,均注重对当地环境的保护;同时考虑当地的艺术文化、风俗礼节、风土特产,提炼、概括、运用,丰富服务区的设计特色和服务品类。以北京北务服务区(位于京平高速公路平谷区北务段)为例,其挡墙采用"长城"样式,将古代文明与现代精神完美结合,营造积极向上的服务区文化氛围,立足地方文化、区域特色,打造特色鲜明、服务精细的服务区。

## (二)普通公路服务区服务情况

2015年,普通公路综合服务站快速兴起。交通运输部提出,要探索推进普通公路服务区建设。为提升普通公路服务质量,交通运输部安排资金,在部分运距长、交通量大、公众需求高的一、二级普通国省道上,支持地方探索推进普通公路服务区建设。各省(区、市)开展普通公路服务区建设试点工作,各地积极探索和加强普通国省干线公路服务区建设与运营管理。

1. 科学制定普通公路服务区发展规划

按照"中央鼓励、地方为主,因地制宜、经济实用,布局合理、逐步推广"的原则,各省(区、市)交通运输主管部门根据本地区公众出行和旅游发展等需求,按照"科学定位、保障功能、规模适宜、经济实用、生态环保、安全卫生"的方式,充分利用现有普通国省干线公路养护工区、公路收费站、超限检测站、公路两侧加油站、废弃和闲置场地等场所或设施,或者结合国省干线公路改造,统筹规划并试点建设一批普通国省干线公路服务区,为公众提供停车休息、如厕、加油等基本公共服务,有条件的还可提供餐饮、商品零售、车辆加水、加油等服务,促进地方旅游和经济社会发展。同时,提升公路养护管理和应急服务保障水平。力争到2020年,全国普通公路服务区达到2000处。

2. 健全落实普通公路服务区发展保障政策

普通公路服务区是服务群众安全便捷出行的重要公益性服务设施,是公路基础设施的重要组成部分。各地积极协调地方财政部门,将普通国省干线公路服务区公共服务设施建设改造和运营管理资金,纳入普通国省干线公路养护经费支出范围给予保障。研究探索针对性的政策措施,鼓励公路沿线具备条件的单位和企业,采用自由连锁等方式加盟,为公众提供标准化的出行服务;鼓励具备条件的服务区,加强经营项目开发,增强造血功能,提升综合服务能力和基本公共服务保障能力;改扩建公路按照规划,同步建设和启用公路服务区,实现土地资源节约和高效利用。

3. 加强普通公路服务区服务质量监管

各省(区、市)交通运输主管部门借鉴高速公路服务区运营管理和文明服务创建工作经验,研究制定本地区普通国省干线公路服务区服务管理工作制度,加强服务质量监督检查和考核,及时协调解决运行工作中发现的问题,确保服务质量,促进普通国省干线公路服务区健康持续发展。

### (三)公路服务区满意度调查和服务效果评价

做好公路沿线服务设施的运营与服务质量评定与效果评价是公路交通管理机构出行服务工作的一项重要职责。按照交通强国发展战略和建设人民满意交通要求,为加快推进公路交通行业转型发展,更好地服务经济社会发展和人民群众安全便捷出行,推进整个公路行业作风建设与新时代信息化建设,2018年9月以来,受交通运输部公路局委托,交通运输部路网中心组织开展了全国公路服务质量满意度调查监督评价和管理工作。让公众参与公路管理、公路服务,遇到问题第一时间通过渠道倾诉、表达和反映,有利于维护公路行业形象,精准提升行业服务,提高满足群众需求的效率。

目前,交通运输部路网中心已牵头完成了《全国公路服务质量满意度调查实施方案》和《全国公路服务质量满意度调查系统管理办法(试行)》初稿,面向全国高速公路、国省干线公路各类服务的使用者、涉及公路执法的各类人群,收集相关服务评价及意见建议,从机构(站点)评价和人员评价两种维度,对全国公路服务效果、服务能力和执法行为进行评价,计划组织各省(区、市)统一对大件运输许可、路政执法、治超、收费、服务区、信息服务和公路综合服务7个方面开展满意度服务评价,全国范围积极有序推进和实施。

以公路服务区满意度调查和服务效果评价为例,公路服务区满意度调查包含"停车区满意度调查""卫生间满意度调查""经营业态满意度调查""整体满意度调查"等主要方面(调查与评价工作处于起步阶段,指标与维度还需未来进一步完善),其中停车区满意度调查分为停车秩序、卫生环境、安全状况等维度;卫生间满意度调查分为厕位数量、卫生环境、设施设备等维度;经营业态满意度调查分为餐饮服务,便利店服务,加油站、汽修厂、客房服务,免费开水、公共休息区、免费 Wi-Fi 网络、信息查询等附加服务等维度;每项满意度评价维度下均具备"满意""基本满意""不满意"等选项,同时列举了具体的诸如"停车位数量不足""交通标识不清晰""无人管理""客车、货车、危险品车等区域设置不合理"等"不满意原因"供公众选择。

整体满意度方面具备"非常满意(9~10分)""满意(8~9分)""基本满意(6~8分)""不满意(6分以下)"四个选项,同时,具备"您还希望服务区提供什么服务?(可多选)"问题,并提供了"ETC 充值""手机支付""应急医药""房车补给""土特产售卖""新能源车充电""儿童游戏区""跨境商品销售""淋浴间""客运站点换乘"等多种选择供用户进行补充。

为提升全国公路服务区服务质量,通过公路服务服务质量调查,广泛收集社会公众公路服务区出行服务最为关注的问题、建议,着力为公众提供贴心、暖心、温馨、舒适的人性化服务,并结合满意度调查结果,对服务区服务效果进行评价,积极传递公路管理部门"以人为本"的服务理念,可以更好地服务行业管理及人民群众安全便捷出行,切实增强人民群众获得感、幸福感和安全感。

### (四)公路服务区现存问题

#### 1. 高速公路服务区发展不平衡现象突出

由于所处路网位置、交通量和经营管理体制不同等因素,全国部分高速公路服务区处于亏损状态,服务质量长期在低水平徘徊。部分地区把主要资源和精力都集中在打造精品服务区上,对其他服务区关注不多、投入不够,导致服务质量两极分化现象更加严重。

#### 2. 部分服务区重经济收益、轻基本服务现象突出

从各地检查考核的情况看,一些民营企业和非交通类国有企业负责经营的服务区,基本公共服务质量不高,有的甚至不服从行业管理。特别是承包经营的服务区,在基本公共服务投入方面普遍不够,导致服务设施严重滞后,服务质量较差。各地评定的不达标服务区和不达标停车区,基本上都是由这些企业负责经营管理的,考核组现场观察发现,个别省份的服务区公共卫生间脏乱臭等问题非常严重。

#### 3. 服务区的服务质量考核和保障机制还不完善

部分服务区简单照搬《考核评定细则》的内容和要求,虽解决了"有"的问题,保证了得分点,但没有在内涵上下功夫,距离"好"还有明显差距,公众感受不到贴心、温馨的高质量服务。有的服务区占地规模过大,严重超过实际交通量需求;有的服务区偏离了为通行高速公路的车辆和人员提供基本服务这个主轴,管理重心集中在商业开发等其他方面。部分地区还未建立健全科学规范的日常监督检查机制,难以保证服务区的日常服务质量始终保持在较高水平,难以为公众持续提供高品质的基本服务。

## (五)公路服务区相关建议

**1. 深入推进公路服务区文明服务创建工作**

(1) 全面提升公路服务区基本公共服务水平

借鉴北京北务服务区(位于京平高速公路平谷区北务段)"小而精、细而暖"的理念,在基本服务上下深功夫,在细节上做大文章,进一步细化停车休息、如厕、开水供应、加油、快捷餐饮等基本服务措施,做好普惠服务,特别是要为老、妇、幼、残等有特殊需求的群众提供针对性的贴心服务,让其更有尊严,更感舒适便捷。

(2) 做好公路服务区公众随机型消费引导

通过有特色、多样化、高性价比的餐饮和商品服务,引导公众消费需求,促进消费增长,加强与地方经济发展的融合,同时增强服务区自我造血能力,为改善基本公共服务提供财力支持。

(3) 推进精细化服务满足体验者消费需求

适当提供品牌化、高质量的精品服务,满足高收入群体消费需求,进一步拓展服务功能,实现社会效益与经济效益协调发展。

**2. 做好部分公路服务区的服务整改工作**

(1) 抓好未开通运营服务区的整改工作

按照经济实用、保障最基本消费需求的原则,统筹调配资源,合理配置服务设施,确保相关服务区和停车区尽快投入运营,满足最基本的停车休息、加油、如厕、开水供应需求。不能因为交通量小或者预期效益差就长时间不开展服务。

(2) 抓好不达标服务区和停车区的整改工作

省级交通运输主管部门要督促相关单位,需要进一步细化整改方案,明确整改目标和时间及进度要求,抓好督导检查,确保按期完成整改。对拒不整改或者借故拖延的,要按照有关规定严肃处理。

(3) 健全完善经费保障的监督检查机制

建立健全服务区公共服务设施维修改造经费保障机制,确保相关经费纳入公路养护经费予以保障,并不断完善第三方评价制度,加强日常监督检查,确保服务区服务质量经常处于良好状态。特别是要加强对国家高速公路网、旅游路线服务区的日常监督检查,对服务质量下降,达不到规定标准的,且未能按期完成整改的,要相应降低服务质量评定等级。

**3. 修订完善公路服务区服务质量考核评定办法**

认真总结历年高速公路服务区文明服务创建工作的经验,研究提出修订完善全国高速公路服务区服务质量等级评定实施办法和记分细则的建议方案。指导各地更加科学规范地组织开展服务区文明服务创建工作,为服务社会公众安全便捷出行做出新的贡献。

## 二、高速公路电子不停车收费系统车道出行服务

电子不停车收费系统是目前世界上最先进的路桥收费方式,通过安装在车辆挡风玻璃上的车载电子标签与在收费站 ETC 车道上的微波天线之间的微波专用短程通信,利用计算机联网技术与银行进行后台结算处理,从而达到车辆通过路桥收费站不需停车而能交纳路桥费的目的。

近年来,我国与 ETC 车道及公路收费相关的基础设施出行服务工作主要围绕 ETC 联网建设、收费公路通行费电子发票开具、取消高速公路省(区、市)界收费站等方面开展,下面将对以上服务工作情况、现存问题与相关建议进行介绍。

### (一)ETC 联网建设情况

2014 年 3 月,按照党中央、国务院部署,交通运输部统筹安排、精心组织,全国 29 个联网省份(除海南、西藏外)和技术支持单位一道,共同努力、紧密合作,于 2015 年 9 月底成功实现了 ETC 全国联网运营。到 2019 年 8 月底为止,ETC 全国联网已安全、平稳的运营了四年的时间,社会效益逐步显现,社会认可度逐年升高。

我国 ETC 联网系统已成为全球联网里程最长、用户规模最大、交易量增长最快的高速公路生产型信息系统,是我国收费公路运营服务的重要基础设施。近期,多部委将联合出台政策,不断扩大 ETC 使用规模、创新 ETC 发展模式、强化 ETC 应用与服务、提升 ETC 使用效率,不断提高高速公路通行效率,更好地服务经济社会发展。

1. ETC 整体规模不断扩大

ETC 全国联网以来,交通运输部路网中心始终高度重视 ETC 全网的安全稳定运营,着力提升整体服务水平,推进我国 ETC 事业取得了跨越式发展。截至 2019 年 8 月初,全国联网省份累计发展 ETC 用户突破 1 亿,完成发行总任务的 50% 以上,是 2015 年联网初期的 4 倍以上;29 个省份(海南、西藏无收费公路)均已开工建设改造 ETC 门架系统,其中江苏、浙江、四川、广东、山东完工数位居前五名;当前 ETC 日均发行已突破 58 万;主线收费站 ETC 车道覆盖率约为 99.08%(截至 2019 年 6 月),匝道收费站 ETC 车道覆盖率约为 97.35%(截至 2019 年 6 月);2019 年 6 月全国高速公路网日均总交易量约为 3230.9 万笔,其中 45.15% 是 ETC 交易,2019 年 1~6 月月均 ETC 交易量约为 4.0 亿笔;2018 年年均节约车辆燃油约 13.2 万吨,能源节约效益约为 11.5 亿元,减少污染物物排放约为 4.1 万吨。

2. ETC 的安装使用日益简便

在做好固定营业网点发行服务工作的基础上,北京、天津、重庆、江苏等多个联网省份已开通 ETC 网上营业厅、手机 app、微信公众号等线上平台服务,为用户带来更人性的多元化服务。全国 29 个 ETC 联网省份通过与商业银行等机构联合,已全部推出为用户免费安装 ETC 的服

务,部分省份在免费安装的基础上,采用赠送通行费的方式进一步提高优惠幅度。

3. ETC 应用领域不断拓宽

截至 2018 年 10 月,沈阳、济南、洛阳等地对安装 ETC 的本地牌照小客车实行免费通行绕城高速公路的政策;郑州也正在研究相关落地政策;北京、天津、山西、辽宁、上海、浙江、江西、广东、贵州等地在机场、火车站、大型公共设施、校园等停车场广泛应用 ETC,交易比例接近或超过 50%,反响良好;山东积极推广 ETC 在全国 15 个省份加油站的应用,目前已发展 2000 余个加油站点;河南也与中石油试点发行联名卡,极大地方便了车辆用户。

## (二)收费公路通行费增值税发票开具情况

### 1. 收费公路通行费增值税发票开具工作背景

通行费,是指有关单位依法或者依规设立并收取的过路、过桥和过闸费用。2017 年 7 月,根据李克强总理在国务院常务会议上明确要求进一步减税清费的工作部署,交通运输部、财政部、国家税务总局决定依托全国 ETC 联网运营服务体系开展通行费电子发票开具工作,2017 年底前实现收费公路通行费增值税电子发票开具,落实公路结构性减税措施。

收费公路通行费增值税发票开具工作是交通运输行业贯彻落实党中央、国务院部署,深入推进公路物流业"降本增效"的重要措施。按照部领导批示和专题工作会要求,部省紧密配合,行业各参与单位共同克服时间紧、任务重、涉及面广、技术复杂等困难,在 5 个月的时间里圆满完成了这一艰巨的工作任务,于 2018 年 1 月 1 日零时实现全国通行费电子发票系统上线运行。

### 2. 收费公路通行费增值税发票开具系统运营成效显著

"票根"是全国收费公路通行费电子发票服务平台,通过"票根网""票根"客户端、"票根"小程序,ETC 用户注册后可以申请开具通行费电子发票。2018 年 1 月 1 日零时实现全国通行费电子发票系统"票根"上线并稳定运行,山东省开出全国第一张充值类不征税电子发票;辽宁省开出全国第一张消费类征税电子发票;其余省(区、市)也相继启动了发票开具工作,均已开出发票,为广大用户提供高效、便捷的电子发票开具服务。

降低通行费成本,是降低物流运输成本的重要一环。截至 2019 年 5 月底,全国通行费电子发票系统上线运行以来,"票根"上线 17 个月,已累计开票金额 1100 亿元,注册车辆 680 万辆,累计实现可抵扣税额总额已经突破 20 亿元。截至目前,基本实现了交通运输部对国家和人民的庄严承诺,使纳税人分享了改革红利,充分体现了团结奋进、能打硬仗的工作作风。

### 3. 收费公路通行费增值税发票助力企业减负

交通运输是物流的基本环节和重要载体,在推进物流业发展过程中具有基础和主题作用。近年来,交通运输部把降低物流成本、减轻企业负担作为重中之重,通过通行费电子发票等举措,实现了物流成本的降低。通行费发票由纸质变成电子形式,既适应了营改增的税改需求,又对企业的降本增效和绿色环保出行产生了积极的作用。

权威数据显示,2017 年我国社会物流总额 252.8 万亿元,货运量达到 479 亿吨,公路、铁路货运量、港口货物吞吐量多年来居世界第一,快递业务量突破 400 亿件。同时,物流是典型的复合型产业,贯通一、二、三产业,有很强的溢出效应,也是营商环境是否优良的重要指标。以运输企业集团为例,若某运输企业集团以汽运、物流为主业,道路运输费成本很高,通行费电子发票可以抵扣进项税额,对于集团来说是一个利好,降低了企业的成本,公司货车也不再需要在收费站索取发票,利于公司财务信息化水平的提升。

### (三)取消高速公路省(区、市)界收费站情况

2018年5月,国务院常务会议作出推动取消高速公路省(区、市)界收费站的决策部署后,交通运输部迅速贯彻落实,成立了专项工作组,组织各方面力量,攻坚克难,按照"试点先行、稳妥有序"的原则,确定了试点省份,印发了试点技术方案、工程实施方案、测试方案及关键技术要求,开展了大量基础性测试,全力开展部省两级系统建设改造等相关工作。

2018年12月28日,江苏和山东、重庆和四川,作为第一批试点省份,率先取消了15个高速公路省(区、市)界收费站,标志着推动取消高速公路省(区、市)界收费站改革迈出坚实的第一步。取消高速公路省(区、市)界收费站后,原有正线路面收费设施将逐步拆除,车辆在省(区、市)界可以不停车直接通行,不再需要停车交卡和领卡,将大幅减少通行时间,显著提高通行效率。其中,ETC车辆仍然可以不停车驶入和离开高速公路,并自动完成交费;非ETC车辆驶入高速公路时还需要在入口收费站领取通行卡,驶出高速公路时在出口收费站交还通行卡并交纳全路程通行费。

取消高速公路省(区、市)界收费站是交通运输部的一项重要工作。按照规划,要坚决打赢取消高速公路省(区、市)界收费站攻坚战,狠抓工程建设,在认真总结苏鲁川渝等省份试点工作经验的基础上,2019年全国范围铺开此项工作,大力推广ETC发行,进一步优化完善相关方案,更好地服务人民群众便捷出行。根据发改委和交通部联合发布《加快推进高速公路电子不停车快捷收费应用服务实施方案》,要求2019年末全国ETC用户数量突破1.8亿。

取消省(区、市)界收费站、实现电子不停车快捷收费是践行以人民为中心的发展理念的具体举措,是让群众享受便捷、快速通行、提升获得感和幸福感的具体实践,也是推进交通运输行业质量发展、推进交通运输行业供给侧结构性改革、推进物流行业降本增效的重要方式。随着取消省(区、市)界收费站工作的不断推进,全国高速公路"一张网"收费服务即将全面实现,改变了长期以来的以各省(区、市)行政区划为单元开展收费服务的现状,是一次从技术应用、体制机制和管理服务经验等方面对全国公路一张网服务的重要探索和实践。今后的公路服务将真正实现"网络化运行、全网统一服务"的运营模式。

### (四)ETC出行服务现存问题

#### 1. ETC建设还存在总量不充分且分布不平衡问题

截止到2018年12月底,我国的机动车保有量达到3.27亿辆,其中汽车保有量2.4亿辆,但ETC安装率不高,发展空间依然巨大,尤其是为数众多的私家车仍然是ETC发展的重中之重。目前我国ETC用户只占机动车保有量的三分之一,日本等国家ETC用户占比已超过70%,使用率超过90%。现在的规模无法满足人民群众出行需求,实现服务人民群众便捷出

行还有很长的路要走。

2. ETC 用户服务质量仍需尽快提升

（1）ETC 发行质量参差不齐

各省(区、市)在用户设备发行工作中规则差异较大,部分代理发行机构把关不严,"一车多签""大车小标"的问题普遍存在；个别省份为增加客户量重复发行,加剧了"一车多签"情况；有的省份拖延用户转籍注销周期,为用户带来很多困扰,对正常运营秩序构成直接威胁。

（2）ETC 用户黑名单总量增长过快

2018 年,全网黑名单总量增长迅速,有的省份 2018 年增加了 57%,给 ETC 车道运行和数据传输带来了巨大压力,严重影响了通行效率,请大家高度关注。

（3）ETC 跨省(区、市)服务体系亟待建立完善

ETC 联网后用户虽可以跨省(区、市)通行,但接受跨省(区、市)服务非常困难。突出表现在异地维修、异地注销等服务无法实现；各省份优惠政策各异、优惠措施简单、优惠幅度不一；移动支付 app 多种多样,有的省(区、市)每个业主开发一个移动支付 app,用户通行全国使用不便,不利于发展。

3. 收费公路通行费增值税发票开具任务仍然艰巨

用户数据质量有待提高,统一开具通行费增值税电子发票是一项长期的工作,作为发票基础数据的数据质量问题很多,已成为制约服务水平的瓶颈。大量基础设施数据、用户数据、交易数据重复率、差错率、缺失率还比较高,直接影响发票开具,用户意见很大,投诉率居高不下。

另外,收费公路通行费增值税发票开具任务推进实施难度较大经营性一、二级公路分布较分散,业主较多,机电基础较差,情况复杂,实施中还需克服车型分类不统一、工期紧张、民营路段业主改造积极性不高等困难,急需认真研究,全力推进。

4. 收费公路通行费增值税发票相关运营保障情况存在隐患

安全状况不容乐观。目前网络安全形势严峻,全网网络安全防范意识不够高,安全制度体系不够健全,安全防范能力还相对薄弱。大部分省级清分结算系统尚未完成三级等保备案,不少省份网站、app、手机支付系统、充值服务终端设备存在重大安全隐患。

另外,密钥管理有待加强。在 2017 年的专项检查中发现省级机构普遍存在密钥管理不规范,密钥卡未严格按密管要求进行登记、分发、管理的现象。各省(区、市)均不同程度存在密钥卡丢失的情况,给 ETC 联网安全稳定运行带来严重隐患。

## （五）ETC 出行服务相关建议

1. 不断扩大 ETC 使用规模,提升全网服务水平

继续完善技术标准和服务规则,修订收费公路联网收费技术要求、收费公路联网收费运营与服务规范、联网运营和服务规范实施细则,形成层次合理、衔接紧密的基础客服业务流程,满足联网运营服务、通行费发票开具和未来发展的需要。

在现有服务体系基础上,深入分析用户需求,加快建立全国统一的用户服务体系,使各项跨省(区、市)服务不再困难,统筹各省(区、市)移动支付 app,极大的改善用户体验；着力推动

以标准化ETC车道为主流的车道系统升级建设；抓紧开展货车ETC专项研究；联合金融机构、互联网企业、电信运营商等开展互联网发行，努力解决用户安装不便的服务痛点；联合汽车厂商、设备厂商开展汽车前装研究试验；在增加用户总量的同时，建立统一的用户账户体系；考虑未来发展需求，适时开展单片式OBU(On Board Unit)等新产品新技术研究验证。通过努力，使基础设施规模和用户规模同步增长。

2. 夯实网络安全基础，加强ETC运营保障能力

提升网络安全防护和处置能力。推动开展联网系统网络安全保障制度建设，制定联网系统网络安全技术要求，明确各运营主体安全责任，促进各省级清分结算系统具备信息安全等级保护的能力，推动建设全网网络安全监测系统，开展网络安全应急演练，对关键业务系统和与互联网相关的系统进行安全抽查和评估，加强重大社会活动期间值班值守，保障收费公路联网系统安全稳定运行。

制定完善车道运维制度，加强日常运维管理，确保ETC车道正常运行率不低于99%。加强ETC系统和关键设备入网测试和ETC产品认证，推动建立ETC系统及关键设备信息共享平台；开展黑名单治理工作，明确黑名单录入分类及规则，清理并整治存量黑名单；针对逃漏通行费这一行业顽疾，研究制定跨省(区、市)联动追缴方案和规则，开展联合稽查工作，减少通行费跑冒滴漏；积极推动联网收费系统信用体系建设，争取更多支持，纳入社会征信体系，对失信行为实施联合惩戒，保障各方合法权益。

3. 不断加强执行力度，完善收费公路通行费增值税发票开具工作

明确各参与方权利义务，全力推进各省(区、市)开展数据治理工作，优化开票服务系统，为公众和企事业单位提供多种服务选择，努力提升通行费电子发票开具的服务质量。根据各省(区、市)不同情况，协调做好技术方案论证、数据合规性验证、联网测试、用户咨询投诉应答等各项工作。

# 第九章

## 公路出行服务协调联动建设

## 一、公路出行服务协调联动建设的必要性

服务是公路的本质属性,在公路出行服务领域,随着"用户体验""跨界融合"和"迭代更新"等新要求不断融入,既往"谁建设"的属地化服务模式将会快速向更符合国家治理体系建设需求、更加贴近市场需求的"服务主导"运营模式过渡。在"政府引导、市场主导"的合作模式下,政府要支持市场化的发展,完善政府和企业合作的机制,统筹协调好政府和市场的关系,促进形成社会多方参与、部门区域联动的共建共鸣的发展格局,构建普遍性公益服务与个性化定制服务相结合的公路出行服务体系,加强公路出行服务协调联动建设。

## 二、政企公路出行服务协调联动建设情况

交通运输管理部门积极提升传统出行方式和手段的服务能力,不断提高服务质量。全面拓展与中央媒体、地方媒体及交通行业媒体的合作,并加强了社会化合作,借助导航软件提供动态信息、入驻信息发布平台、与电信运营商合作,实现信息全方位对外发布。近年来,部级层面及各省(区、市)公路交通管理部门都已积极开展与互联网企业,特别是与联通、移动、电信等通信运营商,与高德、百度、千方等互联网企业以及与广播媒体、电视媒体、互联网媒体等媒体平台开展全方面合作,取得了良好的效果。

### (一)与通信运营商的出行服务协调联动建设情况

1. 部级层面与通信运营商的出行服务协调联动建设情况

交通运输部路网中心承担全国公路网日常运行监测工作,急需一种新的路网监测手段,全面补充、提升现有的运行监测体系,实现覆盖全路网的运行状态监测,提升路网管理能力。于是交通运输部路网中心与中国移动通信集团福建有限公司厦门分公司等单位合作,共同承担基于手机信令的路网运行监测与出行信息服务关键技术研究及示范应用研究工作。基于手机信令的路况监测与出行服务,具有成本低、准确性高等特点,移动通信运营商的每个通信基站都有着自己的"势力范围",手机一旦进入该区域就与相对应的通信基站发生数据交换,结合通信运营商与交通管理部门的各自数据优势,利用手机信令分析路网运行状态,有效服务公路出行。

另外,基于与中国联通通信运营商的合作,部级层面还利用中国联通手机信令定位数据,开发了京津冀地区部分路网交通运行状态感知系统,更好地服务公众便捷出行。

2. 省级层面与通信运营商的出行服务协调联动建设情况

（1）探索实现与通信运营商等平台信息交互提供多元化服务

部分省份探索实现了与电信运营商等平台实现信息交互，建立了与微信城市、支付宝服务的信息共享平台，并实现了微信、支付宝的支付平台缴费功能，为公众提供多元化服务，让出行者获取信息的方式更加便利。

（2）与通信运营商合作获取手机信令数据提供动态出行服务

部分省份与通信运营商的合作主要体现在利用通信运营商的数据资源，获取手机信令数据，提供动态出行信息服务。如江苏高速公路联网营运管理有限公司与电信部门合作，获取手机信令数据，基于手机信令在基站间移动的时长、位置等推算高速公路路况，并以"畅通、缓行、拥堵"等不同状态，通过网站、高速公路服务区信息查询终端等媒介对公众进行发布。

（3）与通信运营商合作建设网络环境提高出行者出行体验

部分省份与通信运营商的合作主要体现在利用通信运营商的资源，建设网络环境，提高公路出行者的出行体验。如贵州省行业主管部门开展的服务区 Wi-Fi 系统集成项目建设。截至 2016 年 5 月 30 日，免费 Wi-Fi 网络已对服务区内公众用户全面开放，服务区 Wi-Fi 集成系统日均使用人数已超过 10000 人。未来将继续推进该系统建设，增加 Wi-Fi 信号的覆盖区域，不断提高已建成服务区的信号覆盖质量及网络速度，增强出行体验。

### （二）与互联网企业的出行服务协调联动建设情况

伴随着公路交通出行信息服务需求日趋强烈与智能终端的普及，移动互联网、大数据等信息技术的快速发展，以四维图新、世纪高通和掌城科技为代表的大批传统智能交通参与企业开始纷纷涉足交通信息服务领域，以高德、百度为代表的互联网企业也逐渐将业务扩展至公路交通出行信息服务领域，积极发展以地图为基础的公路交通出行信息服务产品，提供实时路况等出行信息服务。基于巨大的用户群，其出行信息的准确性不断提高，反过来，其准确性的提高又促进了用户的不断增长。据中商产业研究院发布数据显示，2017 年第一季度中国手机地图用户累计规模已达到 6.75 亿人，其中高德地图占比 32.9%、2.22 亿人，位居首位；百度地图占比 31.4%、2.12 亿人，排名第二，中国手机地图市场用户规模情况如图 9-1 所示，中国地图应用市场占比分布情况如图 9-2 所示。互联网企业在公路交通出行信息服务领域的快速发展，为互联网时代公路交通出行信息服务体系建设注入了新的活力，同时也对政企之间如何实现"优势互补、错位发展、开放共享、合作共赢"提出了新的挑战。

1. 部级层面与互联网企业的出行服务协调联动建设情况

为落实"互联网＋"便捷交通专项行动，交通运输部于 2014 年启动了"政企合作模式的综合交通出行服务信息共享应用"科技示范工程，拟基于开放式综合交通出行信息服务云平台，为社会公众提供更丰富、更权威、更高品质的出行信息服务。为充分利用互联网企业的技术和资源优势，合力提高公路交通出行信息服务水平，公路出行服务以市场在资源配置中起决定性作用和更好发挥政府作用引领下，交通运输部门主动与互联网公司、电子地图公司开展合作，并利用信息资源优势依托"云计算""大数据"等技术，向公众提供权威、精细化和个性化的公路出行信息服务,获得了出行者的认可。

交通运输部路网中心联合高德、千方科技、交通运输部规划研究院、交通运输部科学研究院等单位,分别利用多元数据,开发了国家高速公路运行状态监测系统。

图 9-1　中国手机地图市场用户规模情况

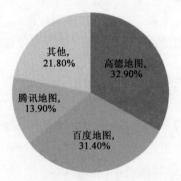

图 9-2　中国地图应用市场占比分布情况图

此外,在重大节假日前后,交通运输部路网中心联合交通运输部规划研究院、中国气象局、高德、千方等单位,基于行业内外数据资源开展全国公路网运行研判趋势分析,联合发布《2018 年端午节全国公路网出行大数据预测及安全指南》《2018 年五一出行预测报告》《2018 年清明节出行预测报告》《2018 年国庆节出行预测报告》等报告,服务公众合理出行。目前,已基本形成固定模板和发布内容,这一领域的合作正走向深入,走向常态化,形成了进一步提升的内在动力。

2. 省级层面与互联网企业的出行服务协调联动建设情况

地方各级交通运输部门与社会化企业开展了广泛的合作,积极推进出行服务政企合作,打造"互联网+信息服务"新格局,除依托部示范工程外,各省(区、市)路网运行管理与出行服务机构从自身实际出发,积极尝试与互联网企业在公路交通出行信息服务领域进行合作,共有 20 余个省份与支付宝、高德、腾讯等部门开展出行服务合作,取得了良好的服务效果。

从各省(区、市)与互联网企业协调联动建设现状来看,很多省份建立了与互联网企业的合作,其中以江苏、河南、四川、贵州的交通管理部门与互联网企业的合作机制较为全面也具有特色,本书将以上述省份部分案例为例进行介绍。

(1) 江苏

2015年11月,江苏省交通运输厅与百度公司签订战略合作框架协议,就出行服务、交通大数据分析等方面开展合作,充分利用互联网公司数据资源、技术、产品提升出行信息服务质量。江苏省交通运输厅提供交通行业数据,百度公司负责出行服务的建设、发布和维护,通过百度地图将江苏公路交通出行信息服务送达到更多的社会公众,同时解决运行维护的后顾之忧。目前已经有南京、苏州的实时公交服务,江苏高速公路和长江大桥的视频路况在百度地图上线,同时江苏省"两客一危"车辆和出租车的GPS数据也已对百度公司开放,为城际、城市路网的路况监测发布提供可靠的数据支撑。江苏省交通运输厅在百度公司的技术支持下,正利用百度地图的开放接口优化省厅运维的出行服务系统,即江苏交通出行网和e行江苏,充分提升用户体验和服务性能,同时保留水上交通服务、汽车客运服务、高速公路实景影响服务、江苏交通咨询等交通行业特色。

江苏高速公路联网营运管理有限公司(简称"联网营运公司")与高德合作,开展信息交换与共享,并委托高德开发了恶劣天气交通管控管理系统,实现了深度合作。管控管理系统基于高德平台,能够记录路政巡查路径及交通管控方案,在传送给行业管理部门的同时对社会公众进行发布,使公众第一时间了解和掌握当前和未来一段时间内的路况信息,以合理安排出行。同时,联网营运公司与高德的合作还包括超级app和交通生态圈的打造。依托公路路况信息、咨询、救援、互动等优势,利用手机定位功能,通过建立新的门户网站和交通超级app给用户提供以交通为主干的全方位生活服务。

(2) 河南

河南省交通运输厅积极与百度公司合作,在2016年"十一"期间,联合发布道路封闭、拥堵、交通事故等交通事件,可视化呈现"两客一危"车辆位置、主要途经路线、车辆往来省市,直观呈现收费站车流量趋势、提供绕行建议等。

(3) 四川

四川地区与百度公司的合作目前较粗浅,仅限于电子地图以及公路交通运行状况的提供与更新,对于收费站等热点分析、节假日等公路交通运行状况的预判、基于"两客一危"数据的运行轨迹分析等数据处理、分析、挖掘等行业应用尚未落到实处。

(4) 贵州

2016年4月,贵州省交通厅与百度签署《战略合作框架协议》,利用中心提供的基础数据,集合自身各种数据源,通过计算模型进行数据处理,并提供省内城际间的高速公路、国省干线及其他道路的实时交通信息数据,持续为《贵州省公路水路安全畅通与应急处置系统工程》项目提供数据服务。合作既弥补了交通管理部门在实时路网数据方面的短板,又补充了百度地图等工具在路网方面的信息不足,使两方共同向社会提供更优质的公路交通出行信息服务。

(三) 与媒体平台的出行服务协调联动建设情况

1. 部级层面与媒体平台的出行服务协调联动建设情况

(1) 部级层面与广播媒体的出行服务协调联动建设情况

交通广播是服务百姓出行、提供信息服务最直接、最有效的方式,是"互联网+"行业应用的重要领域,同时我国公路出行信息服务也鼓励重点推进与交通广播等媒体开展协调联动建设工作。

日常状态下,交通运输部路网中心每天与中国交通广播进行12档整点连线,播报路况信息。节假日期间,在对历次小长假易堵路段分析总结的基础上,交通运输部路网中心与中国交通广播沟通互动,梳理出易堵路段的高速公路网内的普通国省干线绕行路线,通过与中国交通广播路况连线和互动,做到拥堵路段、事故路况随时插播,及时发布事故路段和车流量大路段的路网绕行路线,并针对广播受众的个性需求提供优化后的高速公路出行路线,充分发挥服务作用。在地震、水毁、塌桥、重大交通事故以及台风、低温雨雪冰冻恶劣天气等突发事件中,交通运输部路网中心建立了与中国交通广播随时播报、随时插播的工作机制,保障信息的及时发布。

(2)部级层面与电视媒体的出行服务协调联动建设情况

交通运输部路网中心与央视合作密切,主动联系央视在交通运输综合应急指挥中心进行直播连线方案策划,积极配合央视做好重大节假日、重大活动、重要时段和重特大突发事件期间的出行信息服务。

(3)部级层面与互联网媒体的出行服务协调联动建设情况

交通运输部路网中心也重视互联网媒体的合作,形成了以"两微一端一直播"为主体、"出行头条"、网站、小程序等形式为补充的"中国路网"出行信息服务融媒体矩阵。

"行"在我们老百姓日常生产、生活中占有重要地位。交通运输部路网中心积极协调中央级媒体发布渠道,共同建立了"1个部级+31个省级"集体入驻"央视新闻"平台的"中国路网"出行服务矩阵,极大丰富了公路出行服务产品的内容、形式、质量和频次。

**2. 省级层面与媒体平台的出行服务协调联动建设情况**

(1)省级层面与广播媒体的出行服务协调联动建设情况

部分省份公路交通运输管理部门与省级广播电台密切合作,为公众出行提供路况信息服务。如江苏省高速公路运营管理单位与省广播电台(FM101.1)合作,就公路交通出行信息进行半点播报,为公众出行提供选择支持。同时,江苏省高速公路联网运营公司认为除与媒体合作外,高速公路管理部门应该有属于自己的交通广播品牌,对于突发事件能够及时播报第一手信息材料,更好地服务公众出行。

(2)省级层面与电视媒体的出行服务协调联动建设情况

半数以上省份通过地方电视媒体及时发布公路路况信息,建立了节假日、重大活动、突发事件等时期高效高质的路况信息直播连线机制,更好地通过电视媒体增强了路况信息直播连线服务的效果。以河北、内蒙古、辽宁、吉林、上海、福建、江西、山东、河南、广东、广西和贵州为例,这些省份与地方电视台开展路况信息播报机制。

少数省份通过地方电视媒体进行出行信息服务类栏目访谈及策划方面的合作,如浙江、安徽、广西、湖北、青海等积极与地方电视媒体紧密联系,主动参与策划公路出行信息服务类栏目,并作为专家参与采访,发布公路出行服务信息,提高了公路交通管理部门媒体参与度。

(3)省级层面与互联网媒体的出行服务协调联动建设情况

部分省份积极入驻互联网媒体平台,积极入驻今日头条、一点资讯、腾讯新闻等互联网媒体平台,拓宽信息发布渠道,提高出行信息服务水平,使信息发布渠道更加广泛,建立了与微信、支付宝的信息共享合作,为交通管理部门提供大数据解决方案,为公众提供多元化服务,向公众发布实时高速公路路况、重要节点流量、等信息,出行者获取信息的方式更加便利。

## 三、跨部门公路出行服务协调联动建设情况

跨部门的公路交通运行信息互通、资源共享、业务联动是发挥公路交通运行整体效能的关键。为增强公路交通应急处置能力、提高出行信息服务水平,部省两级公路网运行管理与出行服务机构均积极推动与气象、公安、旅游等部门的合作,建立信息资源共享机制。本书仅以目前开展合作数量较多的与气象部门、与公安部门的合作为例,进行部省两级开展合作情况的主要介绍,其他的部门间协调联动建设做简要介绍。

### (一)与气象部门出行服务协调联动建设情况

1. 部级层面与气象部门出行服务协调联动建设情况

在2018春运期间,交通运输部路网中心与中国气象局合作创新,多方联动探索节假日出行服务新模式。开展新媒体联合发布,共同策划"情满回家路"48小时春运大联播活动,通过新媒体直播及时发布重要公路、气象等出行提示信息,引导公众合理出行。

2013年,部路网中心与中国气象局、公安部联合印发了《关于加强恶劣天气公路交通应急管理工作的通知》。在重大节假日前后,在公众集中出行、节假日高速公路免费通行期间,交通运输部路网中心联合中国气象局、交通运输部规划研究院、高德、千方等单位,开展公路气象预判及路网运行研判工作,并利用多元数据,开发了国家高速公路运行状态监测系统,引导公众科学出行。

2. 省级层面与气象部门出行服务协调联动建设情况

省级层面,以黑龙江、江苏、四川、贵州等省份为代表的路网运行管理与出行服务机构也纷纷推进与公路气象部门的合作,全力提高本地域范围内公路交通出行服务便捷高效。

(1)黑龙江

黑龙江交通运输管理部门与气象部门开展紧密合作合作,在高速公路布置气象服务站或气象采集点,提供重点路段的气象灾害预警预报信息,并通过黑龙江省交通台998、925等媒体广播,第一时间将因雨雪雾霾等恶劣天气以及交通肇事、路面维修施工而导致的道路阻断信息及时在各大媒体发布。截至2016年12月底,黑龙江省高速公路管理局依靠媒体广播部门,累计报送及发布公路交通阻断信息921条,其中突发性信息831条,计划信息90条。

(2)江苏

江苏省与气象部门的信息共享集中体现在高速公路上。江苏高速公路联网营运管理有限公司与江苏省气象局达成协议,每年双方各投资一半合建高速公路气象观测站,采集数据直接传往省气象局,经分析处理后推送至单位进行发布。目前,高速公路气象观测站数量已达

301个,气象局每天早、中、晚三次定期推送气象信息至公司,公司通过网站、高速公路服务区查询终端等方式进行信息发布。

(3) 四川

四川省交通部门与气象部门实现了气象信息共享,具体包括全省2600多个气象观测站(300公里一个点,包括景区)的风向、风速、能见度等9要素的信息。对于气象信息,气象部门主要用于发送给四川省各路网公司,服务业务管理,对交通管理部门业务决策起到辅助作用。

(4) 贵州

与气象部门的业务合作和信息共享是贵州省提高公路交通出行信息服务工作的重要举措。实际工作中,交通部门负责气象外场设施建设,气象部门负责对设施采集数据进行处理分析和预报预警,推送给交通部门指导路网管理与出行服务。2016年4月19日,贵州省交通厅与省气象局拟定了《交通气象合作战略协议》,共同打造"贵州省公路交通气象灾害预报预警服务平台",共享气象观测信息、道路监控信息、公路阻断信息和全省交通路网地理信息。贵州省气象局对灾害性天气和影响安全出行的天气提前做出预报预警,利用全省交通路网地理信息以及气象设施观测信息,开展公路精细化预报业务;并向贵州省交通厅提供省内行政区划(市州、区县)、贵州省内高速公路和普通公路、通航水域、湖泊、库区等区域的实时天气数据、气象预报预警数据和灾害天气常发区域(路段)等信息。

## (二)与公安部门出行服务协调联动建设情况

1. 部级层面与公安部门出行服务协调联动建设情况

2013年,部路网中心与中国气象局、公安部联合印发了《关于加强恶劣天气公路交通应急管理工作的通知》,服务公众提前做好恶劣天气公路出行规划。

2. 省级层面与公安部门出行服务协调联动建设情况

省级层面,以江苏、四川、贵州等省份为代表的路网运行管理与出行服务机构纷纷推进与公安、气象部门的合作,起到了良好的服务效果。

(1) 江苏

江苏高速公路联网营运管理有限公司、江苏省高速公路管理局、公安交警三方联合办公,运行"一路三方"联合值班的工作机制,即,共同承担高速公路管控方案制定与实施、应急事件处置等管理与服务工作,极大地提高了高速公路应急处置效率。

在联合治逃上,江苏省积极配合高速公路运营管理分会牵头建立了全国治理逃缴通行费信息共享平台,其自身也通过数据稽查审核、图像审核等形成的闭环系统来治理逃费车辆。同时开展路警联合,双方资源充分共享,利用路方现有路侧设施弥补警方技术装备有限的弱点,并定期开展打击偷逃费的整治行动。

(2) 四川

四川省交通运输管理部门与公安交警部门实现了高速公路视频信息的实时、动态共享,并由结算中心实时传送至四川省交通运输厅信息中心,由四川省交通运输厅信息中心传送至交通运输部路网中心;但在业务合作方面,与公安交警部门的合作仅限于《中华人民共和国公路法》等相关规章文件中规定的各自职责,尚未实现部门间的有效协作,未来将继续拓宽此领域的合作。

(3)贵州

公路交通与公安交警的深度合作是贵州省交通运输"保安全、保畅通"的重要保障。具体基于手持终端等信息化手段的应用,公安交警与公路交通路政、养护部门通力合作,自觉执行事故信息采集、上传、处理等职责,极大地提高了公路交通运行异常事件发现率、及时响应率以及快速处理率,提高了路网运行效率和安全水平。

此外,2016年4月,贵州省交通厅与省公安厅交通管理局签订了《信息资源共享协议》,根据双方各自交通管理工作实际,实现一系列数据资源共享,具体包括:车辆驾驶员信息、交通违法信息、交通事故信息、交通管制信息、车辆识别信息、交通流量数据、交通运输数据、交通地理信息数据、车辆检测数据、气象检测数据、交通视频监控信息、交通卡口数据、天网视频数据等。以上信息的充分共享和交换,为贵州省"大交通、大安全"提供有力的信息支撑,为更精准发布出行信息提供了科学依据。

### (三)与旅游部门出行服务协调联动建设情况

部级和部分省份不断细化出行信息服务受众,通过各方合作开创了商业服务模式,并积极为物流公司、旅行社、客运车队以及各商业机构开展精细化、专业化的出行信息服务,起到了良好的效果。

以贵州省交通运输管理部门为例,与旅游部门的深度合作是支撑贵州旅游强省建设的必然要求。根据《国务院关于进一步促进贵州经济社会又好又快发展的若干意见》(国发〔2012〕2号),旅游产业将成为贵州省经济发展的重要支柱产业,交通运输作为基础和支撑,必将与旅游资源进行深度融合,助力构建"快旅慢游"服务体系,为游客提供便捷、舒适的旅游出行环境。目前,贵州省交通运输管理部门与旅游部门的合作集中体现在手机客户端黔通途app上,进一步的信息交换和共享工作仍在推进。

### (四)公路交通内部不同部门间出行服务协调联动建设情况

在公路交通内部不同部门的合作联动正在积极推动。部级层面,交通运输部公路局、交通运输部路网中心与交通运输部规划研究院联合其他行业部门、互联网企业等在节假日期间,已经建立定期发布路网运行研判分析报告的机制。部分省份,如甘肃则在全省范围探索开展公路养护、建设、路政等部门共同参与的路网运行与出行服务联动业务,更好地服务公众出行。

## 四、跨区域公路出行服务协调联动建设情况

近年来,部省(区、市)之间、省(区、市)域之间的公路出行服务协调联动建设日趋紧密,协同能力不断提升,联动成效不断显现。

### (一)部省(区、市)之间出行服务协调联动建设情况

1. 部省(区、市)开展节假日路况联合报道工作

在2018年春运期间,交通运输部路网中心联合中国气象局,组织津、豫、湘、粤、滇、甘等20余个省份开展以"情满回家路"为主题的"48小时春运大联播"活动,公路和气象服务部门共同开展跨行业合作、部省(区、市)联动的信息服务工作。通过新华社、人民日报社、央视、央广等权威媒体第一时间向广大出行者提供及时、全面、准确的服务信息。通过PC端、手机端线上直播方式,及时发布重要省(区、市)际通道、易拥堵路段、恶劣天气影响以及热点景区等出行提示,邀请行业内外嘉宾共话路况、气象与春运出行,创新出行信息服务模式,引导公众科学出行。

2018年"十一"黄金周期间,交通运输部路网中心再度联动津、豫、湘、粤、滇、甘等20余个省份路网中心及公路管理部门进行国家公路网大通道路况直播活动,网络平台累计观看人数近2000万,其中,微博最高151万人在线同时观看。

2. 部省(区、市)合作共建出行服务平台

部省(区、市)合作共建出行服务合作项目初见成效。以交通运输部与河南省交通运输厅合作为例,二者共建出行云平台,实现交通流监测、交通环境监测、基础设施技术状况监测、设备运行状况监测、交通异常事件监测及预警、区域出行特征分析、高速公路路段阻断中断等信息报送、车辆实时位置监控和分析、车辆历史轨迹回放、车辆流向、途经线路分析等,引导出行服务管理部门有效决策,提醒公众合理规划出行。

3. 部省(区、市)配合保障路网稳定有序运行

2018年青岛G20峰会、上海进口博览会等国家重大活动,金沙江堰塞湖等重大自然灾害期间,相关部门和地区密切配合交通运输部路网中心工作,深入协作,保障了路网稳定有序运行。

### (二)省(区、市)域之间出行服务协调联动建设情况

部分省份已开展了区域省(区、市)际协同联动工作,建立了相应的机制和制度,保障了省(区、市)际规范有序、高效协同的路网运行管理。

京津冀三省(市)制定了雪天交通保障应急预案,建立了信息互通工作机制,签订了《京津冀交通应急联动合作备忘录》,组织相邻区域基层单位签订《京津冀三地相邻区域交通应急保障联动协议书》。

京津冀蒙辽五省(区、市)高速公路管理部门联合签署了《省(区、市)界收费站联动保畅协议》,建立起了以省(区、市)界收费站联动保畅机制为基础的综合联动保畅体系,加强区域联动合作、建立互信互利机制,为进一步推动管理方式转变、提升公路交通出行能力和水平奠定了重要基础。

鄂湘赣三省建立了长江中游城市群公路合作联席会制度,先行先试跨省路政派驻管理和省级一体化应急新模式,实现了路网应急管理一体化,将单一的应急职能转化为服

务区域经济一体化,进一步探索了省际联动机制。

晋冀蒙陕四省(区)建立了公路网协调联席会议制度,并陆续出台了《晋冀蒙陕区域高速公路协调联动联席会议制度》《晋冀蒙陕区域高速公路共享信息管理办法》等多项制度,实现了区域内信息共享和综合调度保障。

## 五、公路出行服务协调联动建设现存问题

### (一)行业整合应用与市场化融合发展存在脱节

"互联网+"注重的"用户体验""数据思维""跨界融合""迭代更新"等各类新理念,全面被传统思维接受还需要一个过程。公路行业的与互联网企业合作思维以及"互联网+"的应用总体还处于初级阶段,碎片化现象较为明显。

从行业整合应用与市场化融合发展的角度来看,行业整合应用与市场化融合发展存在脱节,市场化水平还有待进一步提升。在"以建设为导向"模式向"以服务为导向"发展和管理模式的过渡中,探索出一种"效率高、效益大、效果好"的政府-市场合作机制,建立行业整合与市场化协同发展的合作模式,目前都还处于探索和尝试阶段。

### (二)政企合作缺乏统一的标准和指导文件

由于受到营运管理方式等因素的限制,交通管理部门信息服务内容不够全面、服务手段不够多样、服务质量不够优质。智能交通参与企业开始陆续提供基于移动互联网的交通信息服务,但是服务范围主要针对城市交通,缺乏覆盖城际高速公路网的交通信息服务,服务功能也并不完善。

政企合作的公路交通出行信息服务是互联网、移动互联网及大数据等新一代信息技术快速发展背景下,交通运输行业实现优质、高效提升出行服务水平的重要途径。但目前政企合作尚处起步阶段,对于政企合作方式、双方的职责和权利边界、可交换共享的内容等具体内容尚缺乏统一的标准和指导文件,需要尽快出台以指导实际。

### (三)跨部门协同共享平台建设仍不充足

跨部门协同共享平台建设、综合运输体系下交通信息化统筹整合仍需继续推进,多源数据汇聚整合效果欠佳,信息及时有效发布仍待加强。目前路网数据开放、共享、融合、挖掘的程度和水平还都不高,发展不平衡造成的信息孤岛、数据应用的分割、分散、分储情况和为了信息化而信息化的半封闭思想顽疾等是实现"大量数据"到"大数据服务"的主要障碍。

### (四）跨区域出行服务存在不互通、不共享的现象

目前大部分省份都开展了公路交通出行信息服务工作，建有出行服务网站、微博、微信、手机 app 应用等多种发布方式，能够提供交通气象、实时路况、出行路径规划、政策咨询等出行信息服务，但总体来看，出行信息服务内容仅限于本省（区、市）范围，跨区域的信息查询只能通过切换、调用别的省份的出行信息服务网站、终端应用等获取，面向完整出行链的出行信息服务存在断档、空缺和不连续，出行者使用不便。同时本省（区、市）范围高速公路与普通干线之间、公路交通与城市交通间的信息不互通、不共享，都严重影响了公路交通出行者的出行体验，降低了出行信息服务的质量和效率。区域统筹、各种交通方式交互共享的出行信息服务仍需继续加强。

## 六、公路出行服务协调联动建设相关建议

### （一）加快推进路网运行管理体制建设和开放融合、合作共享

我国经济发展的基本特征已由高速增长阶段转向高质量发展阶段。公路行业的重心也正逐渐由追求路网规模扩张，转向提升路网运行服务质量与水平这一目标。随着各项改革的逐步深入，公路交通管理模式也将从"以建设为导向"过渡到"以服务为导向"。要正确树立"路网思维"，按照全国服务一张网的思路，加快推进纵向贯通、横向衔接、责权清晰的路网运行管理体制建设和开放融合、合作共享的信息服务机制建设，为出行服务全面升级转型、健康高效发展打下坚实基础。

### （二）积极推进政企合作交流提高公路交通出行信息服务水平

深入开展公路交通出行信息服务工作模式研究，积极推进政企合作交流，不断提高公路交通出行信息服务水平。公路交通出行信息服务工作应当按照行业化引导、市场化运作的原则，充分发挥市场资源和社会资本的作用，整合和开放出行信息服务数据，构建行业和社会互利互惠的出行服务信息采集、共享和应用机制，形成政府信息与社会信息交互融合的大数据资源。在提供公益性出行信息服务的基础上，积极鼓励和引导行业有关部门联合社会力量，遵循合理开发、有效供给、价值实用的原则，为社会公众提供可靠、便捷、及时的公路出行增值信息服务。

### （三）研究建立政企合作统一标准与指导文件

政府部门要组织专门力量就"互联网＋"背景下，公路交通出行信息服务机构的职责定位、业务边界以及与社会企业的合作模式进行深入研究，切实解决政府干什么，社会企业干什么，两者怎么干，什么时候干等问题，做好理论储备。同时，加强与出行信息服务市场主体的沟

通交流,在信息资源共享开放、资本合作、运营模式创新等领域积极开展合作探索,总结推广有效做法和成功经验,合力营造出行信息服务市场良好环境,共同提高公路交通出行信息服务水平。

(四)全力推动跨领域、跨部门、跨区域的交通出行信息资源融合

建立出行信息资源开放共享长效机制,持续改善公路交通出行信息服务体验,全力推动跨领域、跨部门、跨区域的交通出行信息资源融合。以智慧交通、便捷出行为目标,通过业务指导、业务合作、工程合作等途径,加强与地方省份、交通运输部部内司局等以及外部委的合作,逐步推进路况、阻断、管制、气象、地震等信息的省份互通和区域融合,道路运输、水路运输以及铁路运输、民航运输的共享,城际交通与城市交通的衔接融合,推动建立长效机制,不断提高交通出行全过程信息服务的连续性、全面性,改善出行体验。

第十章

# 公路出行服务目标与展望

# 一、公路出行服务目标

党的十九大提出了要按照建设交通强国的战略要求，开启建设社会主义现代化交通强国的新征程。公路出行服务工作要准确把握新时代交通运输发展所处的历史方位和时代坐标，紧紧抓住交通运输基础设施发展、服务水平提高和转型发展的黄金时期，努力推进我国从交通大国迈向交通强国的历史性跨越。要准确把握新时代交通运输的主要矛盾，努力建设人民满意的交通，不断满足人民群众日益增长的美好生活的交通运输需要。要准确把握新时代交通强国建设的新要求，持续深化供给侧结构性改革，加强现代综合交通运输体系建设，大力推进科技创新，着力提升行业软实力，全面深化依法治国实践，建设法治政府部门，推动行业安全发展，推进绿色交通发展。聚焦出行服务工作，有以下几个方面的目标。

## （一）以出行信息服务为龙头带动公路网管理相关工作

公路交通信息化的最终目的是服务百姓出行，提高出行效率和质量。公路基础设施建设养护、公路网运行监测、ETC收费等均为出行信息服务的基础，亦为出行信息的来源，最终要服务公众出行。

建议统筹公路建设养护、路政、治超、监测、应急处置等业务领域，汇聚、融合、综合利用路面桥梁隧道健康监测、超载超限信息、"两客一危"车辆运行信息、公路网突发（阻断）事件监测信息、高速公路通行量信息、公路网环境信息、ETC收费信息、营改增等业务信息。

秉承"不求所有，但求所用"的原则，积极探索与国土、规划、公安交警、气象、旅游、民政等政府部门的信息交换共享机制，推动相关政府部门、事业单位加快公路交通出行公共信息资源开放。

要探索与各大电信运营商、互联网企业的合作模式，鼓励和规范社会资本进入公路交通出行信息服务市场，充分利用市场化手段获取并发布公路交通出行信息，建立全天候、全覆盖的公路交通出行信息服务体系，实现网站、热线电话、广播电台、微博、微信、手机app等多种出行服务方式并存，实时路况、路况预测、重要桥隧节点实时视频、出行路线规划、通行费测算、ETC收费、实时造价、联网售票等多种出行服务信息并存，并逐步向相关旅游产品、餐饮住宿等延伸服务，实现以公众满意的出行信息服务为龙头带动公路网建设和管理工作不断进步。

确立"出行服务是龙头"的基本定位不动摇，先主后次、去粗取精、由表及里、有条不紊地做好公路出行服务各项工作，不断增强人民在公路出行方面的获得感、幸福感、安全感。

## （二）积极推动跨区域、跨方式的出行信息融合与服务

随着国家干线公路网的不断完善和机动车保有量的持续增加，跨区域的公路交通出行及出行服务需求日益增多，而公路网分段式管理运行模式决定了单个省份或区域只能解决

自己管辖范围内的出行信息服务,很难融合其他省份、其他区域的出行服务信息,无法提供连续、快捷的一站式出行信息服务;同时,由于管理体制原因,公路、铁路、民航等区域交通之间以及区域交通与城市交通之间的信息壁垒依然严重,服务于出行者出行链的信息服务体系建设困难重重。建议部级路网运行管理与出行服务机构应着力解决跨省份、跨区域、跨运输方式间的信息资源共享和融合问题,牵头建立跨区域、跨方式的出行信息服务共享架构体系和开放、包容的合作协同机制,率先出台包括业务、技术、数据在内的成套技术标准和服务标准,整合各区域、各方式信息资源,提升整体效应,使公路交通出行信息服务更简单、更方便、更快捷。

### (三)加快推进政企合作模式的公路交通出行信息服务建设

对于公路交通出行信息服务,国家政策倡导政企合作,不仅源于出行信息服务商品属性决定可以采取政企合作,而且政府和企业的资源基础和主体性质也决定出行信息服务适合政企合作,所以政企合作共同推进公路交通出行信息服务体系建设是必然趋势。但目前推进政企合作出行信息服务,依然存在合作机制、数据开放范围与质量保障、运营模式创新、信息安全等方面的问题。

建议政府部门和社会企业积极开展合作探索,政府部门可以负责出行服务信息的采集、规范化处理和提供数据,建立统一的标准规范、制定相应的法律法规,推动政府数据资源的有效开放共享、加强数据安全保护,社会企业负责服务建设和运行维护,双方以产品服务互相共享引用的方式进行合作;以优质的出行信息服务为导向,在出行信息服务系统中建立开放的增值服务接入体系,调动社会企业积极性,并推动众包数据采集;以区域试点、工程示范等形式加快推进、积极探索政企合作,总结推广有效做法和成功经验,合力营造出行信息服务市场良好环境。

### (四)加强公路交通+旅游出行信息服务

交通是旅游业发展的重要支撑和基础保障,旅游业的发展也为交通转型升级创造新机遇新空间。近年来,虽然交通与旅游的融合发展加快,但在出行信息服务领域,仍存在交通、旅游信息资源分散在不同部门、信息资源共享程度不足,政府部门未充分利用自身资源优势开发交通+旅游相关出行信息服务功能等问题。

所以,交通、旅游、气象等部门应加强跨部门合作,优化整合公路交通与旅游数据资源,以旅游出行、节假日出行为对象,研究制定交通、旅游等部门数据共享清单、开放清单,建立交通、旅游、气象等跨部门数据共享机制。同时,交通、旅游等部门要充分利用政府部门自身资源优势,引导社会企业为公众提供多样化交通出行、旅游等综合信息服务,完善旅游集散地及重点景区的交通服务、停车管理、客流动态与服务质量监测、节假日旅游高峰客流引导等功能,提升交通和旅游运行监测、协同管理、应急联动能力,鼓励和支持各类市场主体积极探索,提高交通和旅游综合信息服务水平。

### (五)着力构建高速公路无线通信网络

移动互联网条件下,通过移动终端随时随地获取公路交通出行信息服务的需求更加旺盛。在互联网技术发展成熟的条件下,通信网络便成为实现出行者实时"信息在线"的基础条件。由于公路交通基础设施具有线性分布、线路固定的特点,有线网络建设成本巨大,所以无线通信网络成为构建公路交通接入网络的首选。基于高速公路在公路出行中的重要作用,建议以高速移动条件下的高速数据传输需求为导向,对无线保真技术(Wi-Fi)、超带宽无线技术、全球微波互通技术(WiMAX)等进行技术选型和方案论证研究,通过行业管理部门、通信运营商以及相关企业合作的方式,以及试点示范、扩大推广的模式,着力构建高速公路无线通信网络,满足公路出行者宽带移动通信和出行信息增值服务的需求。

## 二、公路出行服务展望

认真学习领会党的十九大战略部署及此次主题教育精神,牢牢把握"人民为中心"的服务理念,用时代发展、科技进步的眼光利用数据驱动行业转型,建立智慧公路出行服务平台,重构公路出行服务新格局,谱写新时代公路出行服务大文章。结合部制定印发的《数字交通发展规划纲要》,提出公路网管理及出行服务发展愿景。

(1)到2020年,逐步完善技术体系和政策制度体系,初步建成部级路网管理"数据中心"与"服务平台",积极倡导"出行即服务(MaaS,Mobility as a Service)"理念,以数据衔接出行需求与服务资源,使出行成为一种按需获取的即时服务,让出行更简单、更便捷、更舒适、更高效。

(2)到2025年,交通运输基础设施和运载装备全要素、全周期的数字化升级迈出新步伐,数字化采集体系和网络化传输体系基本形成。交通运输大数据应用水平大幅提升,出行信息服务全程覆盖。

(3)到2035年,交通基础设施完成全要素、全周期数字化,天地一体的交通控制网基本形成,按需获取的即时出行服务广泛应用。

(4)到2050年,建设完成新一代国家公路控制网,实现精准、泛在感知,人车路实现有效协同、和谐有序,实现为自动驾驶、车车联网、智慧物流提供全面路网应用服务,全面提升道路交通安全水平和通行效率,成为交通强国的标志之一。

### (一)新一轮科技浪潮下出行信息服务将转型升级

近年来,社会经济及现代信息技术不断发展,及时、准确、便捷出行信息服务要求将不断增多。以移动互联网、大数据、物联网、云计算等为代表的新一轮科技浪潮加上人工智能正在成为推动交通运输快速转型发展、提质增效的新动力,对人类思维模式、行为方式、生活习惯等产生了革命性的影响,催生了新的产业发展形态,推动全球进入新一轮信息革命。现已在提升决策质量、监管能力、运输效率、服务水平等方面发挥作用,在部分领域更是具有引领性和颠覆性。而新技术仍在不断发展,虚拟现实、自动驾驶、隐形磁轨、5G通信等技术的实现,也将为交通运输发展打开新的空间。

为主动适应和引领经济发展新常态,形成经济发展新动能,实现中国经济提质增效升级,我国密集出台了《关于促进云计算创新发展培育信息产业新业态的意见》(国发〔2015〕5号)《关于运用大数据加强对市场主体服务和监管的若干意见》(国办发〔2015〕51号)《关于积极推进"互联网+"行动的指导意见》(国发〔2015〕40号)等系列文件,大力推进新一代信息技术在社会经济各领域的深入融合和创新发展,充分发挥"互联网+"对稳增长、促改革、调结构、惠民生、防风险的重要作用。

新一代信息技术具有网络互联移动化和泛在化、信息服务智能化和个性化等新特征,为创新行业监管能力、提高行业运行效率、增强公共服务能力提供了有效手段,但同时也催生了网络约租车、无车承运、P2P(peer to peer,个人对个人)租车等交通运输新业态,发展了高德、百度、携程等互联网平台企业,对交通运输行业管理和服务产生了很大冲击和挑战。随着新一代信息技术的深入应用,"连接一切、跨界融合"将持续催生交通运输新模式、新业态,在提升交通运输要素生产率的同时,对行业转型升级形成倒逼机制,这就要求交通运输管理强化互联网思维,搭建政企合作平台,大力推动新一代信息技术与行业融合创新发展、合作共赢。

1. 公路出行信息服务需求由传统互联网时代向移动互联网时代转变

服务需求方面的转型体现在公路出行信息服务由传统互联网时代向移动互联网时代转变。互动性、个性化、精细化的出行信息服务将成为主流随着人们对公路交通出行信息服务质量要求的不断提高以及移动互联网技术在公路交通出行领域的深度融合,传统互联网形式的出行服务方式将逐渐成为辅助,互动性、个性化、精细化的出行信息服务将成为主流。对此,以开放、共享理念为指导,积极推进新技术的应用、社会力量的参与,以及与气象、地质、旅游等部门的资源共享,为公众出行提供丰富、准确、细致、实用的出行信息服务,将提升交通运输行业形象,有利于交通运输行业整体健康和谐发展。

公路交通出行信息服务领域是受互联网、移动互联网等新一代信息技术冲击和影响最为显著的领域,同时也是新一代信息技术必将持续、深度融合和应用的领域。随着国民经济的发展和居民生活水平的提高,公路交通出行信息服务需求日益旺盛,自驾游等个体化出行数量日益增多。同时,随着智能手机、移动终端以及移动互联网应用的增多,随时随地获取及时动态、多样个性出行信息服务的需要也日趋增多。"开展高速公路出行服务需求及形式"调查结果显示,高速公路出行车辆类别中,私家车占比58.1%,自驾游及出门访友出行比例占比52.5%;而对于获取信息的方式中,34.1%的人希望通过微信,16.7%的人希望通过手机app,更有56%的人希望通过手机实现"路况有变化时马上通知"。及时、准确、便捷的公路交通出行信息服务已成为公路交通出行者的普遍需求。

目前,全国公路已具备提供一张网服务的能力,与移动互联网的全面融合,公众对公路网整体服务效果、服务伴随能力和标准化服务体验的期待迅速上升到了互联网高度。这就迫切需要服务协调联动机制适应互联网思维,从原有的以路段为标准的点状服务迅速向全网标准化、立体化、共享化的服务机制转变,按照五大发展理念要求和交通运输先行官的发展定位,建立政府与市场之间、部与省(区、市)之间、跨行业之间的服务资源共享、高效协同、数据融合、能力整合、全服务周期的分级机制,提高公众在公路出行中的获得感、幸福感。

2. 面向整个出行链条的综合出行信息服务将成为努力方向

服务内容方面的转型主要体现在面向整个出行链条的门到门、无缝隙、一体化综合出行信息服务将成为努力的方向。国民经济的发展和居民收入水平的提高,使得整个出行过程"走得安全、走得舒适、走得高效"的出行需求日益明显,这就要求除了城际间快速的运输服务外,还需要城市内高效、方便的交通接驳和集散,提高点到点、门到门的出行效率。

现在公众对公路建设的里程增长情况、车道数变化情况的关心已经远低于从前,公路日常的服务供给能力已经可以满足基本出行需要。现在和今后一段时间,公众更加关注公路提供的设施服务是否人性化、个性化、共享化,信息服务是否及时准确、内容全面、互动性强,特别是出现拥堵时能否第一时间知其所以然,及时获取绕行方案。这就要求我们整个行业都更加注重精细化服务的质量和水平。

对于公路交通出行信息服务而言,急需在现有各省(区、市)独立运作的基础上,打通各省(区、市)信息渠道、整合相关信息资源,搭建全国公路网"一站式"的服务平台,面向社会公众提供实时路况、公路气象、出行路径规划等信息,同时要连通铁路、民航城市公交、地铁等其他运输方式运行信息,形成服务于整个出行链条的综合交通运输出行信息服务系统,以便出行者制定合理出行方案,减少出行时间成本,提高出行效率。

3. 政企合作将成为公路交通出行信息服务的主要模式

服务模式方面的转型主要体现在政企合作将成为公路交通出行信息服务的主要模式。一直以来,我国公路交通出行信息服务以单一制政府免费供给模式为主,这种供给模式信息服务成本高且缺乏经济利益激励机制,使得出行信息服务滞后、时效性不强,公路交通出行者随时随地获取出行信息的需求得不到满足。事实上,市场化是个性化需求的最好处方,能较好解决公路交通出行信息服务时空随机性的个性化需求。并且,从经济属性来看,公路交通信息服务与公路交通一样,具有商品的属性和有偿使用的特点,可以采用商业化的运作模式。

此外,从政府部门和私人部门合作的必要性和可能性上来看,政府相关部门掌握了大量的公路交通服务信息,多年来在公路交通信息的采集、处理、发布等方面积累了大量的经验,但在人、财、物等方面的资源有限,在技术创新、服务创新等方面的动力和能力不足,难以提供全面、高效的公路交通出行信息服务。而相关私人部门能够利用大数据、移动互联网等现代技术实现海量数据应用,提供全面、及时、互动、灵活的公路交通出行信息服务,但是却苦于缺少信息来源,同时在信息的采集、处理及发布等方面缺少经验积累。所以,政府和企业在公路交通出行信息服务能力及形式、内容和功能等方面都存在互补性,两者深度合作、市场化参与出行信息服务供给,才能更有效满足公路交通出行者的个性化需求,提高公路交通出行效率。

## (二)信息采集技术的发展为高效的出行信息服务提供基础

信息采集是实现出行信息服务的基础。根据公路出行者可能的信息需求,信息采集方式主要包括外部接入、自行采集和用户众包三种方式。

外部接入指通过专用网络直接从公路交通行业主管部门、高速公路监控结算中心、高速公路运营管理企业以及高速公路公安交警、气象、旅游、客运中心等相关单位获取信息进行出行信息服务。

自行采集是指信息采集员、旅客、养护施工人员、高速公路巡查人员、路产管护人员、服务区承包商、高速公路交警以及救援服务人员等，将自身所掌握的高速公路交通服务信息，通过电话、传真、短信、对讲机等方式报告给信息管理中心，它是采集突发性点状交通事件的最有效方式，但是这种方式的缺点在于信息采集不全面、有延迟，信息多以自然语言的形式呈现，后期的加工处理难度较大。

用户众包在公路交通出行信息服务领域，主要指借助移动互联网技术，以手机应用作为数据采集手段，使出行信息使用者同时成为信息提供者。根据信息产生方式的不同，用户众包可分为主动众包和被动众包两种方式，主动众包是指用户借助智能终端设备下载安装公路交通出行信息服务系统应用软件，通过应用提供的信息上报功能，主动将公路实况等信息以文字、语音、图片、视频等形式上传至系统管理端，或者通过微博、微信等方式直接面向公众发布实时信息。被动众包则是指用户启动智能终端设备上安装的系统应用软件，开放自己的位置接口，并授予系统应用获取位置信息的权限，系统自动获取用户的实时位置信息。

随着计算机技术、移动通信技术等的快速发展，交通信息的获取技术从静态采集技术向动态采集技术快速发展，尤其出现了一些新型的交通数据获取的新方法，如利用移动通信技术、无线射频（RFID）技术、蓝牙、Wi-Fi以及平流层飞艇等新技术，实现交通信息的获取。近年来，随着传感技术的发展，基于低空遥感平台的大范围交通信息高精度快速获取成为一种有效的动态交通信息采集方法。该方法以无人机/飞艇等低空飞行器为载体，实现大范围异常交通信息的快速获取、多源交通数据的融合与处理，以及非常态条件下实时路网信息与交通流信息一体化联动分析与交通状态综合评价等。基于无人机/飞艇的非常态交通信息获取的低空遥感平台具有尺寸小、无人驾驶、机动灵活、安全可靠、可低空飞行、适应环境能力强等优点，不仅能克服线圈等地面固定交通信息采集方式无法移动的不足，也能摆脱非常态条件下车载等地面移动交通信息采集方式不可到达的束缚，成为一种在有效的大范围交通信息快速采集技术与方法。

目前来看，外部接入、自行采集的方法都相对传统和成熟，用户众包方法通过百度、高德等互联网企业的出行信息服务系统，也已能够成熟应用。多渠道、多方式的成熟的信息采集方法为全面、及时、高效的出行信息服务提供了基础。

### （三）新时代政企合作打造出行服务新生态

"互联网+"促进行业转型升级取得新突破，交通运输信息服务政企合作模式基本形成，行业网络信息安全保障能力显著增强，信息化发展环境进一步优化，信息化在引领综合交通运输发展、保障国家战略实施、促进行业治理体系和治理能力现代化方面发挥重要作用。

政企将合力推进覆盖城乡的出行引导综合信息服务示范，通过手机app、网站、电视、可变情报板以及交通服务热线（"四屏一热线"），提供基于位置的全程、实时公路交通出行信息服务;鼓励电子支付在交通领域的集成应用;支持各类社会主体基于开放共享数据开展综合交通出行信息服务产品的创新应用;提高数据共享水平,与气象、交警、国土等部门紧密合作,提升交通决策支持能力;支持互联网企业和交通运输企业完善各类交通信息平台,形成涵盖运输、停车、租赁、修理、救援、衍生服务等领域的综合出行信息服务平台,实现全程、实时、多样化的信息查询、发布与反馈;充分利用新型媒介方式,建设多元化、全方位的综合交通枢纽、城市及进出城交通、城市停车、充电设施等信息引导系统;提高交通动态信息板等可视化智能引导标识布设密度;完善交通广播等传统媒介功能,扩大高速公路交通广播覆盖范围;完善各省(区、市)路网运行监测体系,强化与路政、养护、应急、收费、交通量调查等相关系统衔接,与公安、气象、国土资源等部门的信息共享,拓展 ETC 应用领域,开展基于大数据的路网运行研判和分析研判,实现跨部门、跨区域的路网协同运行管理,打造出行服务新生态。

### (四)高速公路无线网络覆盖是高速公路未来的发展方向

5G(fifth-generation)即第五代移动通信系统,是当前最前沿的通信技术。5G 技术的应用将直接推动移动物联网的产生,基于移动物联网有两套非常重要的技术:一个是低时延,比如工业控制和车载网,对安全性要求很高,要有可靠性的业务控制和关键技术服务;二是大规模海量物联网,这里需要有各种连接,同时每个终端存在的寿命会很长,如何既降低功耗,又能把许多不同的需求放在统一的平台上,这是 5G 将会带来的改变。

传统的公路交通出行信息服务主要向互联网门户网站、交通广播、路侧情报板等终端发布,这些终端具有位置固定的特点,可建设固定通信网络;但基于移动互联网的公路交通出行信息服务主要面向移动智能终端发布服务信息,即智能手机、车载导航、平板计算机、掌上计算机(Personal Digital Assistant,PDA)、便携式自动导航设备(Portable Navigation Devices,PND)等,这就要求通信网络具有移动性和灵活性。对此,3G、4G、Wi-Fi 和 WiMax 无线通信网络恰好能解决这一问题。

目前来看,无线通信网络在公路交通上的应用可以采用公共无线网络和专用无线网络两种方式。前者由电信等第三方运营服务商负责运营和管理,公路采用租用等形式享有接入服务,后者则由高速公路运营管理企业独立承建和管理。无论哪种方式都能实现高速公路无线网络的全程覆盖或者局部热点覆盖,满足实时、移动性数据传输需求。

高速公路出行信息服务是公路交通出行信息服务的主战场,面对个性化、多样化的出行信息服务需求,未来高速公路出行信息服务将更加注重出行便利化和无处不在,主动推送、双向交互的出行信息服务方式将成为主流,以便于出行者随时随地获取可靠的交通信息。

与传统的公路交通出行信息服务系统在信息发布上的另一点不同在于,移动互联网状态下公路交通出行信息服务主要依赖无线通信网络进行信息发布。行业内关于是否建设高速公路专有网络目前还没有定论。但无论是专用网络还是公用网络,高速公路无线网络覆盖可能是高速公路未来的发展方向,因此可以考虑根据路段的实际情况,引入 3G、4G、Wi-Fi 和 WiMax 无线网络实现高速公路的全程覆盖或者局部热点覆盖,满足随时、随地信息发布要求。

## (五)新技术引领 ETC 系统拓展应用

### 1. 车联网技术发展现状与趋势

随着国内汽车保有量的迅速扩大,我国正在步入汽车社会,与汽车相关的社会问题和矛盾也日益凸显,其中汽车与道路、汽车与环境、汽车与能源、汽车与行人之间的矛盾日益突出。这些都表明我国车联网市场蕴含着巨大空间。与此同时,国家政府已经明确相关政策,大力支持车联网发展。

"十三五"时期,《推进"互联网+"便捷交通 促进智能交通发展的实施方案》中明确指出,全面强化标准和技术支撑,积极研发和应用车联网和自动驾驶技术,加大对基于下一代移动通信及下一代移动互联网的交通应用技术研发支持力度,攻克面向交通安全和自动驾驶的人车路协同通信技术,基于交通专用短程通信技术和现有电子不停车收费技术实现车路信息交互,研发并利用具有自主知识产权的 LTE(Long Term Evolution,长期演进)开展智能汽车示范应用。

### 2. 车路协同技术发展现状与趋势

车路协同系统是采用先进的无线通信和新一代互联网等技术,全方位实现车车、车路和人车动态实时信息交互,并在全时空动态交通信息采集与融合的基础上,开展车辆协同安全和道路主动控制,充分实现人、车、路的有效协同,保证交通安全,提高通行效率,从而形成安全、高效和环保的道路交通系统。该系统是智能交通系统发展进入第三阶段的标志性产物。它通过建立包括交通参与者、运载工具和交通基础设施在内的人、车、路一体化的交通协同管控系统,基于数据实时、管控协同和服务集成,借助无线通信、云计算和大数据分析,可以完成实时交通信息的提取、融合和交互,实现全景交通信息环境下的智能交通管理和服务的集成与协同。

车路协同将智能车、智能路、智能网以及智能服务有机结合,并进行系统化应用,与车联网、网联车等概念相比,侧重强调智能交通的系统性与整体性,具有交通要素的实时化和信息化,海量信息的简明化和精确化,用户参与的主动化与协同化,服务组织的柔性化与绿色化等特点。

车路协同技术已经成为当今智能交通领域发展的趋势和热点,是满足现代道路交通发展需要,提升道路交通智能化水平和通行能力的有效解决方案。目前,世界各国正在积极进行车路协同技术的研究与实验,并将其作为改善道路交通安全和效率的重要手段,其中北美、日本与欧洲处在较为领先的地位。我国将也进一步推进车路协同技术的研发。《推进"互联网+"便捷交通 促进智能交通发展的实施方案》指出,示范推广车路协同技术,鼓励乘用车后装和整车厂主动安装具有电子标识、通信和主动安全功能的车载设施。推动高精度的地图、定位导航、感知系统,以及智能决策和控制等关键技术研发。开展自动驾驶核心零部件技术自主攻关。充分利用大数据和云计算,实现智能共享和自适应学习,提高驾驶自动化水平。推广交通事故预防预警应急处理、运输工具主动与被动安全等技术。

3. 加快推进ETC系统融合技术实现拓展应用

促进ETC系统融合公路热点技术,实现ETC系统在公路沿线、城市公交、出租车、停车、道路客运、铁路客运等交通领域的广泛应用。不断提升ETC安装使用的便利性,着重提升ETC客车使用率;研究推进标准厢式货车使用ETC,探索ETC系统与车车通信、车路协同等智慧交通发展方向的深度融合,为用户提供全方位出行服务;鼓励地方交通运输主管部门、高速公路运营主体探索ETC停车场应用,以及ETC在出租汽车、租赁汽车、公路物流等领域推广应用。

# 附录 全国公路出行服务相关管理制度与标准规范一览表(不完全统计)

附表1

| 序号 | 省 份 | 制度/规范名称 |
|---|---|---|
| 1 | 北京市 | 北京市公路网运行监测与服务信息管理办法 |
| 2 | 北京市 | 高速公路交通运行监测和信息服务总体技术要求 |
| 3 | 北京市 | 公路网交通运行监测与服务系统应急预案 |
| 4 | 北京市 | 关于印发《北京市收费公路服务区规范化管理规定》的通知 |
| 5 | 北京市 | 关于规范北京市收费(高速)公路收费对外公示服务的通知 |
| 6 | 北京市 | 北京市公路网运行监测与服务信息管理办法 |
| 7 | 北京市 | 路政服务热线问题处置办法(试行) |
| 8 | 北京市 | 北京市交通委员会北京市气象局关于全面开展交通气象服务合作框架协议 |
| 9 | 北京市 | 公路网交通运行监测与服务系统运维管理办法 |
| 10 | 北京市 | 北京市交通委员会路政局通州公路分局关于公路服务热线反映事项办理问题的通知 |
| 11 | 北京市 | 通州区公路网运行监测与服务信息管理办法 |
| 12 | 北京市 | 路政服务热线问题处置办法(试行)实施细则 |
| 13 | 天津市 | 天津市高速公路管理处关于印发高速公路车辆救援服务管理办法(试行)的通知 |
| 14 | 天津市 | 天津市高速公路管理处关于修订《天津市高速公路管理处关于切实做好公众服务相关工作的通知》的通知 |
| 15 | 天津市 | 天津市高速公路收费服务管理标准(修订) |
| 16 | 天津市 | 天津市高速公路运营服务投诉事件管理办法 |
| 17 | 天津市 | 关于印发《天津市高速公路设施维护与运营服务考核办法》的通知 |
| 18 | 天津市 | 高速公路网运行监测与服务技术要求(DB 12/T 635—2016) |
| 19 | 河北省 | 河北省高速公路服务区管理办法 |

续上表

| 序号 | 省 份 | 制度/规范名称 |
|---|---|---|
| 20 | 山西省 | 山西省高速公路管理局信息服务工作指导意见(试行) |
| 21 | 山西省 | 气象信息服务技术服务协议 |
| 22 | 山西省 | 山西省高速公路星级服务区评定标准(2016年修订版) |
| 23 | 辽宁省 | 辽宁省高速公路救援服务专项应急预案 |
| 24 | 辽宁省 | 辽宁省高速公路公众出行信息服务热线服务行为规范 |
| 25 | 辽宁省 | 辽宁省高速公路文明服务示范站创建工作实施方案(试行) |
| 26 | 吉林省 | 吉林省高速公路管理局关于印发《清障救援服务收费审核管理规定(试行)》的通知 |
| 27 | 吉林省 | 吉林省高速公路服务区经营服务监督管理办法 |
| 28 | 吉林省 | 吉林省高速公路服务区经营服务规范 |
| 29 | 黑龙江省 | 黑龙江省高管局服务区服务质量与考核办法 |
| 30 | 黑龙江省 | 黑龙江省12328交通运输服务监督电话管理办法 |
| 31 | 黑龙江省 | 黑龙江省12328交通运输服务监督电话工作考核办法 |
| 32 | 黑龙江省 | 黑龙江省气象局、黑龙江省交通厅关于气象为公路交通服务合作框架协议 |
| 33 | 黑龙江省 | 2017春节路网研判及服务保障 |
| 34 | 江苏省 | 江苏省高速公路96777服务热线现场管理规程 |
| 35 | 江苏省 | 江苏省车辆通行费征收行业服务标准(交公收〔2005〕262号) |
| 36 | 安徽省 | 安徽省高速公路救援服务"12122"热线开通实施方案 |
| 37 | 安徽省 | 关于印发《安徽省高速公路救援服务"12122"热线开通实施方案》的通知 |
| 38 | 福建省 | 福建省普通公路96330服务电话管理办法 |
| 39 | 江西省 | 12328交通运输服务监督电话管理办法 |
| 40 | 江西省 | 12328交通运输服务监督电话投诉、建议信息反馈工作制度 |
| 41 | 江西省 | 12328交通运输服务监督电话信息采集工作管理制度 |
| 42 | 江西省 | 规范化服务考核评分标准 |

续上表

| 序号 | 省份 | 制度/规范名称 |
|---|---|---|
| 43 | 江西省 | 收费服务投诉管理办法 |
| 44 | 江西省 | 微笑服务工作考核办法 |
| 45 | 山东省 | 服务热线管理办法 |
| 46 | 山东省 | 高速公路公众出行热线服务质量规范 |
| 47 | 河南省 | 河南省交通运输厅关于加强路警联合指挥中心特殊时段服务保障工作的通知 |
| 48 | 河南省 | 关于印发河南省交通运输信息资源整合与服务工程工作方案的通知 |
| 49 | 湖北省 | 省编办关于省交通运输厅设立湖北省高速公路应急处置服务中心的批复 |
| 50 | 湖北省 | 湖北省高速公路应急处置服务中心工作职责 |
| 51 | 湖南省 | 长益高速公路运行监测与服务管理暂行办法 |
| 52 | 湖南省 | 长益高速公路收费站对外公示服务承诺制度 |
| 53 | 湖南省 | 长益高速公路收费窗口单位服务实施细则 |
| 54 | 湖南省 | 长益高速公路文明服务实施细则 |
| 55 | 湖南省 | 湖南高速广通实业发展有限公司服务区(停车区)管理制度汇编 |
| 56 | 湖南省 | 湖南高速广通实业发展有限公司服务区(停车区)经营监督管理办法(试行) |
| 57 | 湖南省 | 湖南高速广通实业发展有限公司服务区(停车区)违约行为处理细则(试行) |
| 58 | 湖南省 | 湖南高速广通实业发展有限公司高速公路服务区接管实施办法(试行) |
| 59 | 广东省 | 广东省交通集团高速公路营运管理标准收费管理分册、路网管理与监控分册、服务区管理分册 |
| 60 | 广东省 | 关于印发省交通集团有限公司高速公路服务区设计指导意见(试行)的通知 |
| 61 | 广东省 | 关于印发省交通集团高速公路文明服务区标准的通知 |
| 62 | 重庆市 | 重庆市交通服务热线96096服务规范用语标准 |
| 63 | 重庆市 | 重庆市交通服务热线呼叫大厅现场管理制度 |
| 64 | 四川省 | 关于印发《四川省高速公路车辆通行费收费标准与工程和服务质量挂钩管理办法》的通知(川交发〔2016〕12号) |
| 65 | 四川省 | 关于印发《四川省高速公路服务监督管理办法(试行)》的通知(川交高管〔2014〕12号) |

续上表

| 序号 | 省份 | 制度/规范名称 |
|---|---|---|
| 66 | 四川省 | 关于印发《四川省高速公路服务区星级评定办法(试行)》的通知(川交高管〔2015〕425号) |
| 67 | 四川省 | 省气象服务中心 省交通运输厅监控结算中心关于信息共享等合作的备忘录 |
| 68 | 贵州省 | 合作开展交通运输气象服务框架协议 |
| 69 | 贵州省 | 贵州省高速公路服务区服务质量等级考核评定办法 |
| 70 | 贵州省 | 贵州省高速公路收费站服务质量等级考核考评办法 |
| 71 | 云南省 | 云南省12328交通运输服务监督电话实施办法(试行) |
| 72 | 云南省 | 云南省交通运输厅 云南省气象局关于共同开展交通气象监测预报预警服务工作合作备忘录 |
| 73 | 陕西省 | 公路气象服务合同书 |
| 74 | 甘肃省 | 省高速公路交通调度指挥总中心星级服务示范岗活动实施方案(试行) |
| 75 | 甘肃省 | 甘肃省公路交通公众出行服务信息发布管理办法(试行) |
| 76 | 甘肃省 | 甘肃省公路交通公众出行服务信息发布实施方案(试行) |
| 77 | 甘肃省 | 甘肃省高速公路交通服务工作管理办法 |
| 78 | 甘肃省 | 甘肃省高速公路收费服务管理及相关制度 |
| 79 | 青海省 | 青海省路网运行监测与服务信息管理制度(试行) |
| 80 | 青海省 | 青海省路网运行监测与服务信息考核办法(试行) |
| 81 | 青海省 | 青海省高等级公路建设管理局运行监测与服务信息报送管理制度(试行) |
| 82 | 青海省 | 青海省高等级公路建设管理局运行监测与服务信息考核办法(试行) |
| 83 | 青海省 | 青海省高速公路车辆救援服务管理暂行规定 |
| 84 | 青海省 | 青海省高速公路车辆救援服务标准和操作规程 |
| 85 | 青海省 | 青海省"12328"交通运输服务监督电话系统建设意见 |
| 86 | 青海省 | 青海省交通运输服务监督电话12328运行管理办法(试行) |
| 87 | 青海省 | 青海省高等级公路服务区星级管理办法(试行) |

附录　全国公路出行服务相关管理制度与标准规范一览表(不完全统计)

续上表

| 序号 | 省　份 | 制度/规范名称 |
|---|---|---|
| 88 | 青海省 | 青海省高等级公路服务区星级评定标准(试行) |
| 89 | 青海省 | 青海省高等级公路服务区管理办法 |
| 90 | 青海省 | 青海省高等级公路服务区服务质量管理标准 |
| 91 | 青海省 | 服务区管理办公室工作职责 |
| 92 | 青海省 | 青海省路网运行监测与服务信息考核办法(试行) |
| 93 | 青海省 | 联合提升青海省交通气象服务能力合作框架协议 |
| 94 | 宁夏回族自治区 | 宁夏交通运输服务监督电话工作人员行为规范 |
| 95 | 宁夏回族自治区 | 宁夏交通出行服务信息发布制度 |
| 95 | 宁夏回族自治区 | 微信服务信息发布要求 |
| 97 | 新疆维吾尔自治区 | 关于印发《12328交通运输服务监督电话管理规定》的通知 |

# 参 考 文 献

[1] Fan Zhang, Dezhi Li, Sherry Ahrentzen, et al. Assessing spatial disparities of accessibility to community-based service resources for Chinese older adults based on travel behavior: A city-wide study of Nanjing, China[J]. Habitat International, 2019, 88.

[2] Junghwan Kim, Bumsoo Lee. More than travel time: New accessibility index capturing the connectivity of transit services[J]. Journal of Transport Geography, 2019, 78.

[3] Sharon Lo. BCD Travel Expands Government Travel Services[J]. Defense Transportation Journal, 2019, 75(2).

[4] Sharon Lo. The Symposium on Government Travel Passenger Services[J]. Defense Transportation Journal, 2019, 75(2).

[5] Lorelei Schmitt, Alexa Delbosc, Graham Currie. Learning to use transit services: adapting to unfamiliar transit travel[J]. Transportation, 2019, 46(3).

[6] Chou-Kang Chiu, Chieh-Peng Lin, Kuang-Jung Chen, et al. Modeling continuance intention towards Mobile Travel Service System (MTSS): a theoretical perspective of motivation and dependency[J]. Review of Managerial Science, 2019, 13(4).

[7] Shuang Wei, Qi Wei. Research on the Impact of Mobile Phone Clients for Travel Services on College Students' Travel Behavior[P]. 2017 World Conference on Management Science and Human Social Development (MSHSD 2017), 2018.

[8] Haijun Xu, Min Zhang, Yanhong Liu. Self Sale: Promotion of Tour Guide Service From Tourism Psychology Perspective—A Case Study of Shenzhen China International Travel Service[P]. 2018 International Conference on Education, Economics and Social Science (ICEESS 2018), 2018.

[9] 谢仕亮.地铁"无障碍出行"服务展现城市温度[N].深圳特区报,2019-06-28(A02).

[10] 谢振东,陈君.公共交通支付3.0版本的探索与构建[J].电子技术与软件工程,2019(11):30-31.

[11] 赵光辉,李玲玲.大数据时代新型交通服务商业模式的监管——以网约车为例[J].管理世界,2019,35(06):109-118.

[12] 张志学,赵巍.天津综合交通运输体系现代化发展程度评价[J].天津城建大学学报,2019,25(03):189-193.

[13] 朱宏炜.基于可持续理念的出行服务系统设计研究[J].科技创新导报,2019,16(08):238-240.

[14] 谭晶宝.自动驾驶:进退维谷?[J].汽车观察,2019(06):47-48.

[15] 龙昱茜,石京,李瑞敏.MaaS各国案例比较研究与应用前景分析[J].交通工程,2019,19(03):1-10.

[16] 陈轶嵩,赵俊玮,刘永涛.面向未来智慧城市的汽车共享出行发展战略[J].中国工程科学,2019,21(03):114-121.

[17] 陈琦.共建数字新生态迈向出行新征途[J].汽车与配件,2018(36):40.

[17] 沈湘萍,王霄,马煜磊."互联网+"高速公路运营与服务智能化生态系统构建[J].公路交通科技(应用技术版),2018,14(12):320-323.

[19] 邹虎,刚红润,康文.兰州南绕城绿色公路低碳运营与出行服务系统设计[J].电子世界,2019(02):142-143.

[20] 陈斌,刚红润,付立.甘肃省高速公路出行服务系统设计[J].电子世界,2019(02):148-149.

[21] 张翔.提升公众出行服务的智慧交通系统对策研究[J].中国集体经济,2019(06):157-158.

[22] 万逸飞.北京公交集团创新构建多样化公共出行服务体系[J].城市公共交通,2018(12):8-9.

[23] 欧家尹,张寒凝.社会创新视角下网络社群线下出行服务设计研究[J].大众文艺,2019(06):129-130.

[24] 赵大伟,景爱萍.数据赋能视角下在线出行服务动态价值共创过程研究[J].商业研究,2019(04):22-30.

[25] 王慧.打造畅通、智慧与安全高速[J].中国质量,2019(03):29-33.

[26] 杨培红,祝可文,张乃月.青海省交通出行服务体系的建设实践[J].交通世界,2019(11):25-27.

[27] 裴林.出行服务市场群雄逐鹿,何以为先?[J].汽车与配件,2019(10):24-29.

[28] 张辉.共享出行在蛰伏中爆发还是消亡[J].世界汽车,2019(04):60-65.

[29] 谢振东,张绪升,苏浩伟,等.基于大数据的广州一站式出行服务平台构建研究[J].现代信息科技,2019,3(07):154-156.

[30] Mark Streeting,陈玮,Emma Edgar,等.MaaS:出行服务的颠覆者[J].中国战略新兴产业,2017(45):62-65.

[31] 耿泽坤.关于建设河北综合交通出行服务信息共享平台的探讨[J].现代信息科技,2017,1(05):24-25+27.

[32] 刘小燕,刘利,郑相毅,等.基于移动互联网的湖北高速出行服务平台[J].中国交通信息化,2018(01):78-81.

[33] 杨燕,韩博.品质时代的服务区[J].中国公路,2018(01):61-63.

[34] 胡紫琪,何金畅.大数据在路网运行监测与出行服务中的应用[J].信息系统工程,2018(01):88-89.

[35] 陈俊励,张艳聪,曾发财,等.公务用车制度改革后交通出行需求及对策研究[J].低碳世界,2018(01):296-297.

[36] 杨燕.让出行更便捷[J].中国公路,2018(07):42-43.

[37] 郝盛.路网出行服务新生态[J].中国公路,2018(07):43-45.
[38] 刘娜,郝盛,杨伟文,等.公路交通出行信息服务现状及发展趋势[J].中国交通信息化,2018(03):18-23.
[39] 刘睿健."互联网+"背景下智慧交通出行服务浅析[J].科技经济导刊,2018,26(08):144+146.
[40] 赵璐.全国公路交通出行信息服务建设情况及展望[J].交通世界,2018(11):6-7.
[41] 辛光照,乔俊杰.铁路枢纽街区出行服务策略[J].城市公共交通,2018(04):29-32+37.
[42] 王健.什么是出行即服务(MaaS)[J].人民公交,2018(05):34-36.
[43] 赵锦祥.智慧交通在智慧城市的深入应用与发展趋势[J].中国安防,2018(05):60-62.
[44] 楚峰.聚集整合全国资源聚力提升出行服务——中国公路出行信息服务联盟2018年度工作会召开[J].运输经理世界,2018(02):38-41.
[45] 王健.出行即服务(MaaS)的定义及发展概述[J].运输经理世界,2018(02):76-78.
[46] 李晔,王密,舒寒玉.出行即服务(MaaS)系统研究综述[J].综合运输,2018,40(09):56-65.
[47] 张晓春,邵源,孙超.面向未来城市的智慧交通整体构思[J].城市交通,2018,16(05):1-7.
[48] 郑赞.自动驾驶下的未来交通出行格局[J].上海汽车,2018(11):1-3.
[49] 李作敏.矢志不渝保障路网安全畅通锲而不舍服务公众便捷出行[N].中国交通报,2017-07-18(001).
[50] 刘见振,顾思思.湖南省交通公众出行信息服务系统[J].中国交通信息化,2016(02):82-84.
[51] 何京一,张正,庞小培.内蒙古自治区政企合作交通出行信息服务建设模式的思考[J].公路交通科技(应用技术版),2016,12(02):265-268.
[52] 车春江,郝盛,朱明慧,等."互联网+便捷交通"公路出行服务思考[J].中国交通信息化,2016(05):18-22.
[53] 陈大地,黎琮莹.广西高速公路公众出行服务平台建设探讨[J].西部交通科技,2016(05):94-97.
[54] 覃亮.浅谈公共交通公众出行信息服务系统的应用[J].城市公共交通,2013(12):36-38.
[55] 杨荣博.高速公路出行信息服务系统需求与设计[J].交通世界,2016(29):18-19.
[56] 郑婷.高速公路出行信息服务系统的设计与实现[D].大连海事大学,2015.
[57] 张天怡.基于MaaS理念的出行服务体系发展概述及展望.中国城市规划学会城市交通规划学术委员会.创新驱动与智慧发展——2018年中国城市交通规划年会论文集[C].中国城市规划学会城市交通规划学术委员会:中国城市规划设计研究院城市交通专业研究院,2018:10.
[58] 杨涛.构建面向全民出行服务的发展指标体系[N].中国交通报,2018-08-15(003).
[59] 省委政研室联合调研组.大数据助力智慧交通发展[N].贵州日报,2018-07-24(009).
[60] 刘向龙.中国出行即服务(MaaS)发展面临的机遇与挑战.中国科学技术协会、交通运输

部、中国工程院.2018世界交通运输大会论文集[C].中国科学技术协会、交通运输部、中国工程院:中国公路学会,2018:6.

[61] 李国瑞."互联网+"智慧路网发展分析研究.中国科学技术协会、交通运输部、中国工程院.2018世界交通运输大会论文集[C].中国科学技术协会、交通运输部、中国工程院:中国公路学会,2018:10.

[62] 崔航.新兴出行服务企业创新环境与协同创新研究[D].北京科技大学,2018.

[63] 和永军.云南智慧出行系统设计与开发[D].重庆交通大学,2016.

[64] 李卫星,刘令君.江西高速公路公众出行服务移动应用系统[J].中国交通信息化,2015(02):86-88.

[65] 康科.移动互联塑造城市出行新格局[J].互联网经济,2015(07):66-73.

[66] 赵媛媛.为徐州打造路网保畅平台[J].中国公路,2015(17):88-90.

[67] 段闯.基于政企合作模式的交通出行服务与管理研究[J].中国管理信息化,2015,18(17):162-164.

[67] 李卓君.内蒙古自治区交通公众出行信息服务系统建设方案研究[J].内蒙古公路与运输,2009(01):50-54.

[69] 李家然.高速公路公众出行信息服务分析[J].中国交通信息产业,2009(05):121-122.

[70] 李家然.公众出行信息服务系统技术原则[J].交通标准化,2009(15):175-178.

[71] 韩海航,杨卫民,曹斌.动态交通流诱导模型在交通出行服务中的应用研究[J].中国水运(学术版),2007(11):191-194.

[72] 古胜辉.基于WebGIS的公众出行服务管理系统的设计和实现[D].武汉理工大学,2008.

[73] 杨科峰.高速公路出行信息服务系统分析与研究[D].长安大学,2008.

[74] 毛莎丽.湖南省公路公众出行信息服务系统研究[D].中南大学,2008.

[75] 王忠华.整合交通信息资源做好公众出行服务[J].公路交通科技(应用技术版),2008(07):176-178.

[76] 庞小培.基于政企合作模式的吉林省综合交通出行信息共享应用科技示范工程研究[J].公路交通科技(应用技术版),2017,13(01):172-176.

[77] 车春江.交通广播在高速公路出行信息服务中的实践与探讨[J].中国交通信息化,2014(S1):10-12.

[78] 楚峰.互联共享带来新供给,共享风"吹热"交通出行[J].运输经理世界,2017(07):70-73.

[79] 郭鹤艺.下好出行服务这盘棋[J].交通建设与管理,2012(Z1):36-37.

[80] 陈楠枰,熊燕舞."智能出行"的先行探索[J].交通建设与管理,2012(Z1):38-39.

[81] 邵冰.山东交通出行服务系统的设计与实现[D].山东大学,2012.

[82] 张作强.面向公众的交通出行服务系统设计与实现[D].大连理工大学,2015.

[83] 车春江,郝盛,赵璐,等.基于贪婪策略的智能红绿灯启发式算法研究[J].交通世界,2018(26):3-6.

[84] 王晓曼.出行服务人性化贵在细节[N].中国交通报,2014-05-30(005).

[85] 艾丹.出行越是井喷服务调整越要精细[N].湖北日报,2019-05-06(006).

[86] 李瑞敏.出行即服务从拥有到消费的转变[N].中国交通报,2016-09-29(006).

[87] 虞国平.实施公交优先战略提供优质出行服务[J].城市公共交通,2001(05):15.

[88] 史永.城市大规模个性化出行服务的基础研究初探.山东省计算机学会.山东省计算机学会2005年信息技术与信息化研讨会论文集(二)[C].山东省计算机学会:山东省科学技术协会,2005:3.

[89] 李学东,贾智平.基于城市交通信息网格的个性化出行服务研究[J].计算机应用与软件,2006(06):28-30+55.

[90] 陈弋玫.重庆市普通公路出行信息服务评价及示范应用研究[D].重庆交通大学,2015.

[91] 费腾.高速公路收费窗口出行信息交互服务的实现[J].中国交通信息化,2011(09):40-42.

[92] 马继军.浅淡青海交通便民出行系统的发展[J].青海交通科技,2011(06):2-4.

[93] 刘振华,曹剑东,马英杰.交通运输行业出行信息服务引入社会力量机制研究[J].交通标准化,2014,42(20):78-80.

[94] 杨鹏程,郝盛,车春江,等.出行信息服务发展探析[J].交通世界,2019(11):3-4.